U0040917

二〇一六
丙申年

二〇一六
丙申年

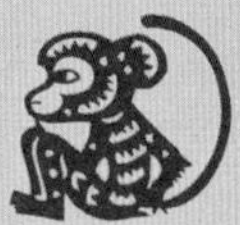

謝沅瑾

猴年生肖運勢大解析

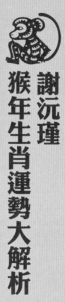

自序

從一九七八年開始學習命理五術風水，無論古籍、通書或現今風水刊物，始終覺得博大精深，浩瀚無底，進而接觸日本、韓國……等命理五術刊物，更覺得深淺不一，各有所述。

自一九九四年開始長期參與各大電視台採訪錄影，談風水命理，到二〇〇三年受邀中天《台灣妙妙妙》風水錄影長達兩年，其間「風水命理界教父」之名不脛而走，用科學角度分析解釋，開創專業風水命理解析先例，深得好評，其收視率之高，首播加上重播長達六年之久。

自二〇〇四年「風水命理教科書系列」出版後，更造成出版界的一股風水命理旋風，第一本風水書銷售二十萬冊以上的佳績，更是締造命理類書籍的紀錄，出版業甚至有專文討論解析本書瘋狂銷售的原因，除了讓風水普及之外，更讓大家有正確的命理風水觀。一直以來，除了希望讓大家有正確的風水觀念，以免受騙之外，我更希望能夠讓「通書」、「農民曆」和「命理」融合，讓更多的人方便簡單好用。

常常遇到許多年長的媽媽們，一說到「農民曆」，大部分不是因為內容艱澀使她們「看不懂」，要不然就是密密麻麻的字讓她們「看不清楚」，再者，農民曆中往往充斥許多「不知所云」的內容。因此做一本精確、實用、容易閱讀的農民曆，不只是獻給我自己的爸爸、媽媽，更獻給普天之下有福分的每一位爸爸、媽媽。這本農民曆設計上方便使用、簡單易懂，讓讀者可以自己選擇吉日、吉時，並輕鬆找出每天的財位、貴人、旺方、喜門……等方位，並能避開每天的煞方，讓每個人都能輕鬆趨吉避凶，幫助大家事業有成，事半功倍。

今年更增加了生肖運勢大解析，為大家用生肖與農曆月份排出流年流月，提醒讀者留心自己與家人的運勢，可以提前消災解厄、招財納福。

期望能以此書，讓我的希望理想和座右銘能夠落實在每一位有福氣的朋友身上，那就是：

風水讓富人累積財富，
讓窮人改變命運！

謝沅瑾

謝沅瑾老師大事紀

西元	年齡	重要經歷
1970	6	• 開始學習國術
1978	14	• 開始學習命理五術
1982	18	• 以業餘身份開始從事命理工作 • 考上國術、太極拳合格教練
1990	26	• 白手起家配合專業知識創立連鎖事業
1993	29	• 正式執業，成立「謝沅瑾命理研究中心」
1994	30	• 開始長期接受台視、中視、華視、三立、東森……等九家台灣電視台以及平面媒體新聞採訪報導
1995	31	• 受邀長期參與台灣各有線無線電視台節目錄影
1996	32	• 受邀長期參加台灣三立電視台《穿梭陰陽界》、台灣 GTV 27《神通鬼大》……等節目錄影
1997	33	• 受邀長期參加台灣中視電視台《社會秘密案》……等節目錄影
1998	34	• 受邀長期參加台灣超級電視台《星期天怕怕》、台灣八大《神出鬼沒》……等節目錄影
1999	35	• 受邀長期參加日本電視台電視錄影 • 受邀參加台灣東森電視台《鬼話連篇》……等節目錄影長達五年
2000	36	• 受邀長期參加台灣三立電視台《第三隻眼》……等節目錄影
2001	37	• 受邀長期參加台灣東森 S 電視台《社會追緝令》、台灣 GTV 28《命運大作戰》……等節目錄影
2003	39	• 受邀參加台灣中天電視台《台灣妙妙妙》……等節目錄影長達兩年
2004	40	• 受邀參加上海電視台演講錄影 • 風水著作「謝沅瑾風水教科書系列」開始出版
2005	41	• 長期受邀於新加坡、馬來西亞……進行多次演說 • 受邀參加台灣緯來電視台《好運望望來》長達一年、《不可思議的世界》……等節目長期錄影

2006	42	•「謝沅瑾風水教科書系列」第五本《好風水、好桃花》出版 •「謝沅瑾民俗風水百寶箱系列」──《福》、《祿》、《壽》、《喜》出版
2007	43	• 受邀長期於《獨家報導》撰寫「謝沅瑾回憶錄」，成為第一位在雜誌連載回憶錄的風水命理老師 •「謝沅瑾風水教科書系列」第六本《招財風水教科書》出版
2008	44	•「謝沅瑾民俗風水教科書系列」──《謝沅瑾開運農民曆》出版。《一瞬間改變命運》出版
2009	45	•「謝沅瑾民俗風水教科書系列」──《謝沅瑾老師教你改好運發大財》出版
2010	46	• 受邀長期參與海外澳亞衛視《順風順水》節目錄影 •「謝沅瑾風水教科書系列」第七本《新居家風水教科書》出版 •「謝沅瑾民俗風水教科書系列」《謝沅瑾老師教你改好運發大財 2》出版
2011	47	•「謝沅瑾民俗風水教科書系列」第八本《文昌風水教科書》出版 •「謝沅瑾風水教科書系列」第九本《新居家風水教科書 2》出版 • 創立「中國正統民俗風水教育協會」擔任第一屆全國總會理事長 • 當選「中華星相易理堪輿師協進會」第四屆全國總會理事長
2012	48	• 受邀長期參與緯來電視台《風水有關係》節目錄影
2013	49	• 謝沅瑾「行動風水教室」臉書粉絲團成立，開始分享謝沅瑾老師風水案例
2014	50	• 謝沅瑾老師粉絲頁「謝沅瑾命理／民俗文化研究中心」與「謝沅瑾老師行動風水教室」粉絲合計突破 30 萬人
2015	51	• 出版《觀相》一書，教讀者看相識人 • 出版《謝沅瑾猴年生肖運勢大解析》一書

弟子序　胡瑋庭 老師

- 中華堪輿道派宗師府大弟子（謝沅瑾老師入室大弟子）
- 謝沅瑾命理研究中心行政負責人
- 中國正統民俗風水教育協會全國總會常務理事
- 中華堪輿擇日師協會總會名譽副理事長
- 中華星相易理堪輿師協進會台北市分會秘書長

自一九九五年認識謝老師開始，從一個拜託謝老師幫忙看自己家裡風水的人，轉變成一個跟著謝老師看人家家裡風水的人，每天和謝老師一起看風水、八字、姓名學已近十年，然而謝老師給我的感覺，卻跟十多年前剛認識時一樣，永遠是那麼熱心、真誠與負責。

在開始和謝老師學習時，謝老師已經是一個媒體寵兒，除了固定時間錄影的兩個節目以外，還隨時都會有媒體想要採訪或邀約錄影。

在每天排得滿滿的風水鑑定行程中，還要挪出時間參加各種錄影與訪問，固然考驗了一個助理的能耐，但更考驗了一個老師的品格和人格。

因為在這十多年來，眼看著許多老師在電視媒體上進進出出、出現消失，或者自以為有名而張牙舞爪、得意洋洋，甚至在命理業務上獅子大開口的人大有人在，能夠像謝老師一樣，在媒體的包圍之下，依然維持一貫的誠實、謙虛、純樸、熱誠的老師，可說是少之又少。

特別是和謝老師在國際舞台上看著美國、日本、新加坡……等世界各國媒體邀約採訪時，一位真正國際級的大師，受到大家真心的尊重，仍然能夠保持平常心，對待所有的人，那種感覺，才是我真正感動的地方。

謝老師要求每一位弟子，一定要有人飢己飢，人溺己溺的精神，並常說道：「法律之前人人平等，相同的，在當老師的人面前也應該是一樣人人平等，絕對不可分貧富貴賤，任何人都有改變命運的權利！」所以和謝老師一起走過的這十年間，無論是達官貴人，或是一般民眾，謝老師從不分貧富貴賤，都是一樣認真謙虛的對待。

謝老師常常犧牲用餐時間，餓著肚子，還認真的聽每一個人說著自己的問題，看在眼裡，感動湧現在心裡。

在這十多年中，有好幾次遇到家中發生急難的人，不計一切代價，甚至直接捧著大把鈔票前來，只希望事情能越早處理好越好。這種情況要換做是其他老師，有的可能就照單全收，甚至還趁火打劫，想盡辦法敲竹槓的大有人在，但謝老師不但沒有如此，甚至見到當事人原本就家境困苦，更是伸出援手免費幫忙解決問題，這種善行義舉，對天天和謝老師一起東奔西跑，救苦救難的我們，更是如數家珍。

由於長期在謝老師身邊的關係，謝老師在風水命理姓名學上的專業與準確，對我而言已如同家常便飯，見怪不怪，然而眼看著一位命理老師，長期處在這樣的地位與聲望中，卻依然能保有當年的那股熱情與原則，對我們這種經歷無數，聽過成千上萬家庭的喜怒哀樂的人來說，謝老師的「一路走來始終如一」才是我最敬佩他之處。

弟子序　于子芸 老師

- 中華堪輿道派宗師府二弟子（謝沅瑾老師入室二弟子）
- 謝沅瑾命理研究中心總部暨新加坡分部專任解說老師
- 中國正統民俗風水教育協會全國總會副理事長
- 中華堪輿擇日師協進會台北市分會會長
- 台北市中華易象易理堪輿師協進會副會長

自一九八四年與謝老師認識，從相信風水、瞭解風水，進而接觸姓名學，在這麼多年接觸學習的過程中，深知謝老師將所學到的知識，毫無保留的傳授給弟子們。

謝老師告誡弟子們：「要把有用的學問，幫助需要幫助的人，絕不能分貧、富、貴、賤。」更不能用自己所學的學問，去做坑、矇、拐、騙的事去害別人，因為我們所說的任何一句話，都有可能會影響到別人的一生，所以說話必須實在，不要誇大，要將別人的問題，用誠懇的心去處理事情、解決問題。

謝老師始終認為，人應該為自己說的話負責，而謝老師許多傳承自師尊的告誡，像是「稻子愈成熟，頭就要垂得愈低。」、「一個人有三分才華，就要有七分謙虛。」不管擁有多強的實力，身處多高的地位，處事低調、謙虛、誠懇，這些特質從謝老師身上便可看到，這也是老師給弟子們的座右銘，我們時時刻刻都謹記在心。

謝老師是一位無私奉獻、值得尊敬的老師，在教授風水上面，毫不藏私，毫無保留地用最簡單的詞彙，清楚明白的教弟子們和電視機前的每一位觀眾。在世界各國各地的演講中，總有無數的命理老師會到現場聽演講，當我們問老師為什麼還是毫無保留的傳授和回答時，謝老師很認真的跟我們講：「這有什麼關係嗎？正確的命理風水知識，如果可以讓每一個人或每一個老師，有更正確的觀念，去幫助更多需要幫助的人時，其實就是傳播善知識，不是一件很好的事嗎？」

這與許多別的老師藏私、嫉妒、自大的態度相比較，有如天壤之別，更加深了我們對謝老師的尊敬，難怪有這麼多人都稱謝老師為「風水命理界的教父」！

謝老師還常說，學問是學無止境，活到老，學到老。謝老師出書，是為了要讓更多的人瞭解風水、命理，進而無形中能幫助更多的人，誠如謝老師所言：「風水讓富人累積財富，讓窮人改變命運。」

我們非常感恩謝老師的教誨，不僅學習到很多專業方面的知識，也學習到許多待人處事的方法與態度，今後我們將秉持謝老師「幫助所有需要幫助的人」的理念，繼續將謝老師服務濟世的精神傳承下去，幫助更多需要幫助的人。

弟子序　于千祐 老師

- 中華堪星道派掌門宗師
- 謝沅瑾命理研究中心專任解說老師
- 中國正統民俗風水教育協會總會副理事長
- 謝沅瑾命理研究中心新加坡分部專任解說老師
- 中華星相易理堪輿師協進會總會秘書長

自一九八三年起認識謝沅瑾老師，算一算時間已經三十多年了，很多人都很羨慕我，有什麼樣的因緣際會可以認識謝老師？我想也許一切都是緣份吧。一九八三年，當年我們都還是學生。那時，我想創立台灣協和工商夜間部手語社，在學校老師的指引下，認識了已經創立協和日間部手語社半年有餘的謝老師，在他的協助下，終於完成了我的夢想。接著我又加入謝老師在松山區青少年福利服務中心創立的手語社。這個手語社裡，有來自台北市各個有意願創立手語社的高中高職所派出的學生代表，大家一起在這裡學習手語及手語歌，學成之後回到學校去創立手語社，這些學生也就是第一批手語流行歌曲的種子。

除了和謝老師一起練習手語、手語歌之外，我也和許多人一起向謝老師學習「功夫」（國術），再把國術與手語結合，一起表演。但謝老師是一個有豐富才藝的人，最讓我欣賞的並不只是上述的這兩項，而是「文筆」與「風水命理」。謝老師在學校裡可說是風雲人物，在老師引介我們認識之前，我早就聽過他的名字無數次了，每一期的校刊裡，他的名字都至少出現過五六次以上，不論是攝影、文章、新詩等，都有他的作品。所以，當我們第一次見面時，我就忍不住興奮大叫：「我知道你是誰！」從此結下了這個不解之緣。

這麼多年來，我跟隨謝老師走遍世界各地，看過謝老師無數的演講，聽他解析各國不同的風水建築，除了感佩他的知識涵養深厚之外，更讓我感動的是謝老師對風水民俗的永遠不變的熱忱。不論是在華人或者非華人的地區，面對的是東方人或者西方人，只要你對風水有興趣，只要你願意提問，謝老師就會不厭其煩的為你詳細解說。他就像是一座大型的知識庫，能從「科學的角度」、「民俗的說法」、「風水的原理」，全方位的分析老祖宗的智慧，不僅破除了一般人把「風水」與「迷信」畫上等號的錯誤認知，更讓這個傳統的知識能夠與時俱進。我想，這也就是為什麼謝老師能夠讓這麼多政商名流、科技新貴、藝人明星到一般普羅大眾都能信服他、喜歡他的原因吧。

從一九九四年第一個電視新聞採訪開始，到二○○四年謝老師的第一本著作出版，拜科技之賜，謝老師是「台灣風水教父」的聲名越來越遠播，走遍世界各地都有人能叫得出謝老師的名號，但無論老師多麼有名，他永遠都能保持赤子之心，永遠那麼謙遜與充滿熱誠，這也是我與老師的弟子們最感佩的地方。而無論您是老師的觀眾或者讀者，相信看過、聽過他對風水的分析，也能感受到老師對風水的解析真的不一樣，也希望讀者們都能從中認識到正確的風水知識，並且勇於改變，就像老師經常掛在嘴邊的一句話：「風水讓富人累積財富，讓窮人改變命運」，讓我們一起踏出成功的第一步吧！

目錄

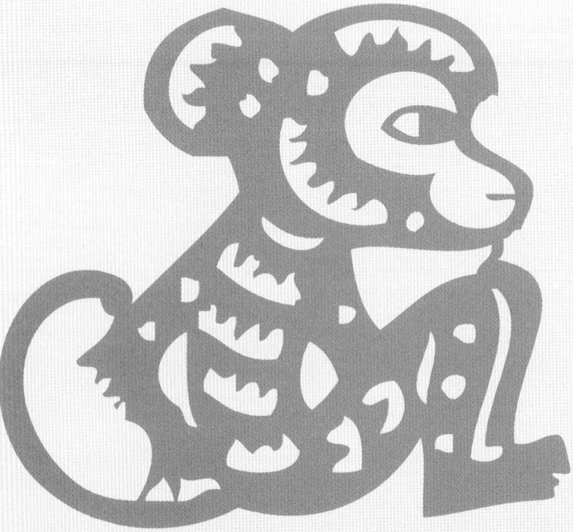

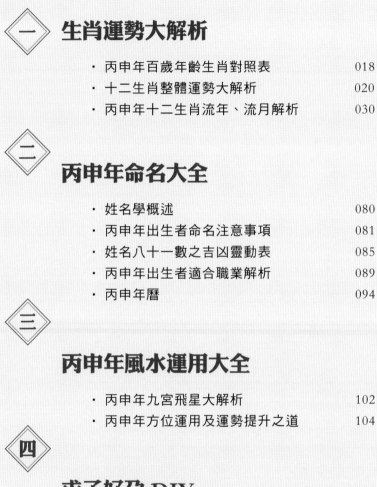

一 生肖運勢大解析

二 丙申年命名大全

三 丙申年風水運用大全

四 求子好孕 DIY

目錄

五 謝沅瑾開運農民曆

六 擇日與擇時

七 財喜貴方

一

生肖運勢大解析

丙申年百歲年齡生肖對照表

年份	生肖	年齡
1917（6 年）	丁巳蛇	100 歲
1918（7 年）	戊午馬	99 歲
1919（8 年）	己未羊	98 歲
1920（9 年）	庚申猴	97 歲
1921（10 年）	辛酉雞	96 歲
1922（11 年）	壬戌狗	95 歲
1923（12 年）	癸亥豬	94 歲
1924（13 年）	甲子鼠	93 歲
1925（14 年）	乙丑牛	92 歲
1926（15 年）	丙寅虎	91 歲
1927（16 年）	丁卯兔	90 歲
1928（17 年）	戊辰龍	89 歲
1929（18 年）	己巳蛇	88 歲
1930（19 年）	庚午馬	87 歲
1931（20 年）	辛未羊	86 歲
1932（21 年）	壬申猴	85 歲
1933（22 年）	癸酉雞	84 歲
1934（23 年）	甲戌狗	83 歲
1935（24 年）	乙亥豬	82 歲
1936（25 年）	丙子鼠	81 歲
1937（26 年）	丁丑牛	80 歲
1938（27 年）	戊寅虎	79 歲
1939（28 年）	己卯兔	78 歲
1940（29 年）	庚辰龍	77 歲
1941（30 年）	辛巳蛇	76 歲

年份	生肖	年齡
1942（31 年）	壬午馬	75 歲
1943（32 年）	癸未羊	74 歲
1944（33 年）	甲申猴	73 歲
1945（34 年）	乙酉雞	72 歲
1946（35 年）	丙戌狗	71 歲
1947（36 年）	丁亥豬	70 歲
1948（37 年）	戊子鼠	69 歲
1949（38 年）	己丑牛	68 歲
1950（39 年）	庚寅虎	67 歲
1951（40 年）	辛卯兔	66 歲
1952（41 年）	壬辰龍	65 歲
1953（42 年）	癸巳蛇	64 歲
1954（43 年）	甲午馬	63 歲
1955（44 年）	乙未羊	62 歲
1956（45 年）	丙申猴	61 歲
1957（46 年）	丁酉雞	60 歲
1958（47 年）	戊戌狗	59 歲
1959（48 年）	己亥豬	58 歲
1960（49 年）	庚子鼠	57 歲
1961（50 年）	辛丑牛	56 歲
1962（51 年）	壬寅虎	55 歲
1963（52 年）	癸卯兔	54 歲
1964（53 年）	甲辰龍	53 歲
1965（54 年）	乙巳蛇	52 歲
1966（55 年）	丙午馬	51 歲

年份	生肖	年齡
1967（56年）	丁未羊	50歲
1968（57年）	戊申猴	49歲
1969（58年）	己酉雞	48歲
1970（59年）	庚戌狗	47歲
1971（60年）	辛亥豬	46歲
1972（61年）	壬子鼠	45歲
1973（62年）	癸丑牛	44歲
1974（63年）	甲寅虎	43歲
1975（64年）	乙卯兔	42歲
1976（65年）	丙辰龍	41歲
1977（66年）	丁巳蛇	40歲
1978（67年）	戊午馬	39歲
1979（68年）	己未羊	38歲
1980（69年）	庚申猴	37歲
1981（70年）	辛酉雞	36歲
1982（71年）	壬戌狗	35歲
1983（72年）	癸亥豬	34歲
1984（73年）	甲子鼠	33歲
1985（74年）	乙丑牛	32歲
1986（75年）	丙寅虎	31歲
1987（76年）	丁卯兔	30歲
1988（77年）	戊辰龍	29歲
1989（78年）	己巳蛇	28歲
1990（79年）	庚午馬	27歲
1991（80年）	辛未羊	26歲

年份	生肖	年齡
1992（81年）	壬申猴	25歲
1993（82年）	癸酉雞	24歲
1994（83年）	甲戌狗	23歲
1995（84年）	乙亥豬	22歲
1996（85年）	丙子鼠	21歲
1997（86年）	丁丑牛	20歲
1998（87年）	戊寅虎	19歲
1999（88年）	己卯兔	18歲
2000（89年）	庚辰龍	17歲
2001（90年）	辛巳蛇	16歲
2002（91年）	壬午馬	15歲
2003（92年）	癸未羊	14歲
2004（93年）	甲申猴	13歲
2005（94年）	乙酉雞	12歲
2006（95年）	丙戌狗	11歲
2007（96年）	丁亥豬	10歲
2008（97年）	戊子鼠	9歲
2009（98年）	己丑牛	8歲
2010（99年）	庚寅虎	7歲
2011（100年）	辛卯兔	6歲
2012（101年）	壬辰龍	5歲
2013（102年）	癸巳蛇	4歲
2014（103年）	甲午馬	3歲
2015（104年）	乙未羊	2歲
2016（105年）	丙申猴	1歲

丙申年十二生肖整體運勢大解析

丙申年整體運勢最佳前三名

一、1963（52年）癸卯兔

今年有貴人吉星龍德星進入命宮，在各方面都能夠發展得很好，隨心所欲，財運也非常旺，登上人生高峰。

二、1965（54年）乙巳蛇

今年有福德吉星進入命宮，雖有一些金錢上的支出，但名聲、人際關係、工作運都非常好。

三、1969（58年）己酉雞與1983（72年）癸亥豬

己酉雞的朋友，今年太陽星進入命宮，整體運勢很旺，特別是男性同胞，事業有機會登上高峰，財運上也有不錯斬獲；癸亥豬的朋友，太陰星進入命宮，運勢也旺，但不適合做過大的投資，如果有人找你合作，需要出錢投資的話，請務必仔細想清楚。

丙申年整體運勢最差前三名

一、1960（49 年）庚子鼠

今年運勢上有受到剋制的狀況，工作發展受到很大影響，犯小人，財運平平，最好不要投資，正月十五日前建議到廟裡制五鬼。

二、1984（73 年）甲子鼠

今年在感情及財運上付出比較多，又因為犯小人，容易受到周遭旁人的影響，而在判斷上出問題，搞得團團轉，很忙亂且又造成損失。

三、1974（63 年）甲寅虎與 1980（69 年）庚申猴

甲寅虎的朋友正值工作發展時期，但今年的運勢容易讓你產生事倍功半的狀況，加上太歲正沖，也有漏財的情況，要記得到廟裡安太歲保平安。庚申猴的朋友今年犯太歲，財運尚可，但工作發展上會受到比較大的影響，一樣別忘了安太歲。

丙申年財運最佳前三名

一、1963（52 年）癸卯兔

今年吉星龍德星入財庫，吉星高照，財運可說是旺得不得了，有機會獲得豐厚的財富，也可能是事業發展順利，有加薪的機會。

二、1989（78 年）己巳蛇與 1953（42 年）癸巳蛇

己巳蛇的朋友今年受到福德吉星的庇蔭，一整年貴人運都很旺，做事如魚得水，會有較多的賺錢機會。癸巳蛇的朋友則是在投資或事業第二春開展上表現不錯，會有一些賺錢的機會找上你。

三、1969（58 年）己酉雞與 1983（72 年）癸亥豬

己酉雞的朋友今年太陽吉星高照，事業上如魚得水，財運也因此大大提升。癸亥豬的朋友，今年太陰星進入命宮，上班族容易有升遷的機會，如果是自己做老闆的人，事業也可望更上一層樓。

丙申年財運最差前三名

一、1984（73 年）甲子鼠

今年因為犯五鬼，小人問題特別嚴重，容易受到別人的蠱惑，做出錯誤的判斷和決定，進而造成損失。建議要制五鬼，以降低小人的影響。

二、1974（63 年）甲寅虎

今年犯歲破，運勢受到壓制，心中所想、所要的東西，在現實上卻都事與願違，財運連帶受影響，是比較悶的一群，建議安太歲。

三、 1980（69 年）庚申猴

太歲當頭座，今年的發展被剋制住，沒有太多機會，財運也受到影響，建議安太歲，凡事宜保守，沒有損失就是賺。

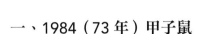

丙申年事業最佳前三名

一、1963（52 年）癸卯兔

今年的事業運很旺，新的計畫容易有成功的機會，再加上人際關係也不錯，能獲得許多人的幫助。

二、1965（54 年）乙巳蛇

今年會受人敬重，在財運、事業各方面都能更上一層樓，雖然財運不是最佳，但整體運勢很旺。

三、 1969（58 年）己酉雞與 1983（72 年）癸亥豬

己酉雞的朋友整體運勢好，在財運、工作方面都不錯，尤其是男性表現更好。癸亥豬的朋友，事業發展、財運都很值得期待，但要注意可能會有一些損財的情況，平常可以多做行善捐款，多積福德。

丙申年事業最差前三名

一、1960（49 年）庚子鼠

今年因整體運勢低迷，事業發展受限，已退休的朋友可以先休息，不要急於開創事業第二春，建議制五鬼，以降低不良影響。

二、1974（63 年）甲寅虎

今年逢歲破，年運上本來就比較不順暢，事業發展建議不要強出頭，只要避風頭、保持平穩就是好。

三、1980（69 年）庚申猴

今年犯太歲，事業上不管做任何事，都要小心、保守，最好低調行事，建議安太歲來化解。

丙申年感情最佳前四名

一、1987（76 年）丁卯兔

此年出生的朋友，因吉星照臨，不論男女感情運都很順遂，單身未婚的朋友可以多加把握，有機會找到好對象。

二、1999（88 年）己卯兔

這年出生的朋友，屬於情竇初開的年紀，感情運勢還不錯，單身的朋友有機會發展新戀情，已經有伴侶的朋友，戀情也會加溫。

三、1989（78 年）己巳蛇

今年有吉星進駐，年運又很旺，不只感情發展好，人緣更好。

四、1993（82 年）癸酉雞與 1983（72 年）癸亥豬

癸酉雞的朋友因為有太陽星入命宮，男性在感情上容易有不錯的發展。而癸亥豬的朋友在感情上容易遇到好的機會，要好好把握。

丙申年感情最差前三名

一、1984（73 年）甲子鼠

由於整體運勢不佳的關係，感情上付出多但回報少，建議可以多配戴粉色水晶、紫色水晶，制五鬼，化小人，減少感情阻礙。

二、1995（84 年）乙亥豬

本年度女性感情上也是付出多得到少，建議在這個年份把精神放在工作事業上，努力衝刺，會比較順利。

三、1981（70 年）辛酉雞

女性朋友本年度可能本身會遭遇到爛桃花，或者是另一半可能會有新的對象出現，但也不需要過度擔心，建議保持穩定即可。

丙申年須預防意外血光者

一、1950（39 年）庚寅虎

今年犯太歲正沖，加上年紀大了，要特別注意滑倒、跌倒造成的意外傷害，建議安太歲化解。

二、1980（69 年）庚申猴

騎車、開車都要小心一點，出入方面比較容易有狀況，建議安太歲來化解不好的影響。

三、2000（89 年）庚辰龍與 1990（79 年）庚午馬

庚辰龍的朋友在學校活動、運動都要小心，避免受傷，可以制白虎，讓運勢順遂一些。庚午馬的朋友，工作上要預防在外奔波時的意外之災，騎車、開車都要小心，化解方式可到廟裡制天狗。

丙申年須預防健康問題者

一、1925（14 年）乙丑牛與 1961（50 年）辛丑牛

乙丑牛年份的長者要小心注意健康，多留意身體狀況；辛丑牛的朋友則要注意呼吸（鼻子、喉嚨、肺部）或神經（睡眠品質、肝臟、內分泌）方面的問題。建議到保安宮或其他醫神的廟宇拜拜求平安。

二、1991（80 年）辛未羊

這年份的朋友同樣要留意呼吸或神經方面的問題，可能會因工作壓力大，造成身體的損害，要適時紓壓。

三、1970（59 年）庚戌狗

本年份的朋友，今年盡量不要靠近喪事、喪家，容易影響本身的健康，另外也要注意家人健康，平時可以多拜拜祈求神明保佑。

丙申年十二生肖流年、流月解析

肖鼠者運勢

（9、21、33、45、57、69、81 歲）

⊙本年運勢：

屬鼠的朋友，今年要特別注意財務的問題，各種與金錢有關的投資、合作都要謹慎評估，因為流年上容易受到小人搬弄是非，因此聽到任何消息都要仔細查證，不要貿然行事，以免受害。

1936 年（25 年）　丙子鼠　81 歲

今年因為與天干相合，運勢蠻旺，貴人也多，特別在財務上會有不少加分，但也要注意避免可能因別人的想法，而造成與家人之間財務方面的爭執，才能好上加好。

1948 年（37 年）　戊子鼠　69 歲

今年因天干助旺本命星，地支又三合，主貴人帶財運，運勢上有很大的加分，會因有貴人相助，在各方面都有很好的收穫，但還是要注意避免小人搬弄是非，讓你在金錢或與家人的感情上有所折損。

1960 年（49 年）　庚子鼠　57 歲

這個年份的朋友，今年運勢上需要格外注意，雖財運上有加分，但流年受小人影響最大，容易導致賺了錢財卻輸掉情誼或健康，需仔細衡量如何兼顧兩者，才會一切圓滿。

1972年（61年）　壬子鼠　45歲

屬鼠中運勢最好的一組，雖然也會犯小人，但其他方面都很旺。當別人給予想法建議後會逆向思考，產生新的觀點，因而有很大的獲利。不只在金錢上，家庭關係、整體運勢都特別加分。

1984年（73年）　甲子鼠　33歲

貴人運很旺，但有時候貴人也有可能變小人，不要單聽一面之詞，此年份最需小心的是投資，因為犯小人的緣故，要懂得迴避可能產生的問題。因為貴人運走旺時，會分不清楚誰是貴人誰是小人，凡事要明辨是非再做決定。

1996年（85年）　丙子鼠　21歲

若還在就學中的朋友，學業成績不錯，但交友方面要小心，容易受到朋友的拖累，特別這個時期朋友的影響力會大於父母家人，容易產生觀念上的衝突，會有點不愉快。所以朋友的話可以聽，但不一定要照單全收。

2008年（97年）　戊子鼠　9歲

今年運勢旺，容易得到大家的疼愛，無論是父母、同學都能相處愉快，本年度也不用擔心學業的問題，只是關心的人會多了一點。整體運勢算是很不錯的。

每月運勢

(平) **一月運勢：**本月運勢屬於中下，一開年雖不盡理想，但只要在正月十五日前到廟中制五鬼，就能降低壞運氣的影響。

(凶) **二月運勢：**本月犯刑剋，要慎防口舌之災，盡量不要與人起爭執，少說多做，就能保持運勢順暢。

(吉) **三月運勢：**揮別前兩個月的陰霾，本月會有貴人相助，財運也很不錯，是適合投資理財的月份。

(中) **四月運勢：**本月運勢平平，凡事按部就班，不要隨便聽信謠言而冒進，就能避免損失，平安度日。

(凶) **五月運勢：**本月份受到運勢影響，容易與人有衝突，要注意控制自己的情緒，以免招來小人暗中陷害。

(凶) **六月運勢：**本月份運勢較為低迷，特別在財務方面會有損失，盡量不要聽信他人言而貿然投資，容易血本無歸，凡事謹慎，就能防災。

(吉) **七月運勢：**本月份吉星高照，工作事業上都會有貴人來幫助你，也容易獲得一些賺錢的消息，如果有合作案要進行，本月份也是適合啟動的好時機。

(平) **八月運勢：**本月份你容易與人有口角，記得凡事退一步海闊天空。如果有新的案子或事業要展開，盡量避免在本月份推動，否則有破局的可能。

(中) **九月運勢：**本月份運勢有所改善，心中的壓力可以稍微放下，喘口氣，不妨趁機整理一下身邊的事物，為下個階段做準備。

(中) **十月運勢：**本月份中上，只要保持心情愉快，待人處事以和為貴，不要搬弄他人是非，就能帶來好運氣。

(平) **十一月運勢：**本月份運勢稍有下降，時值年底，想要做業績的最後衝刺者，要小心市場消息，不要輕易聽信謠言，以免造成損失。

(中) **十二月運勢：**本月份運勢平平，但貴人運不錯，凡事都會有人在背後默默地給予幫助，如果有機會，也記得多幫別人一把，為自己累積好運道。

肖牛者運勢

（8、20、32、44、56、68、80、92 歲）

⊙本年運勢：

屬牛的朋友，今年整體的運勢蠻不錯的，唯獨需要特別注意的是健康方面，許多問題都會跟健康有直接、間接的關係，因此要特別留意身體狀況，一有不適就要尋求醫療，以免小病釀災，平常飲食也要特別注意。

1925 年（14 年）　乙丑牛　92 歲

整體運勢基本上還不錯，會因為貴人的幫助而化解健康上的問題，平日多注意身體，保持愉快心情，勿輕忽小毛病，就能逢凶化吉。本年度也不適合探病或接近喪事，要盡量避免。

1937 年（26 年）　丁丑牛　80 歲

今年運勢中上，因為天干的幫助得到很大的助力，但也要注意健康方面的問題，不要自恃身體不錯而疏忽小問題，與健康相關的事情都要慎重以待。

1949 年（38 年）　己丑牛　68 歲

今年貴人運很旺，尤其異地的貴人多，幫助大，比較容易遇到好的對象。這裡的好對象不是指感情或婚姻，主要是交友方面，也就是人家會比較關心你，讓你覺得受到關懷。另外，別人講的話、提醒的事要特別留意。

1961 年（50 年）　辛丑牛　56 歲

是屬牛生肖中需要特別注意的一位，主要是跟健康比較有關係。有可能因為事業有成，工作上特別辛苦而積勞成疾，產生一些問題。盡量避免接近喪事的場合。

1973年（62年）　癸丑牛　44歲

是屬牛生肖中運勢最旺的一位，投資或工作上能抓到有利的局勢與方向，例如做生意賺到錢、投資得利，對事業有很大的加分。但要小心防範累過頭，健康上出現問題，所以工作、休息和運動若能均衡調配，就沒有太大問題。

1985年（74年）　乙丑牛　32歲

今年比較容易會有損失，而且大部分都是由於自己判斷不當所造成的，常會有在判斷當下覺得很好，但在實際執行上卻不是這麼一回事，平常又不夠細心，所以容易出問題。也需要注意因為投資、事業上的問題產生過大的壓力，影響健康。

1997年（86年）　丁丑牛　20歲

今年學業運很旺，讀書、投資各方面也都沒問題，朋友運、考試運都不錯，是一個運勢很強的年份。學生朋友在運動、打球時要留意運動傷害的產生。

2009年（98年）　己丑牛　8歲

運勢非常好，得人疼愛。但可能會出現健康面的小狀況，不過不用太擔心，運動、遊玩、外出時各方面稍微注意一下，就不會有太大的問題。

每月運勢

平 **一月運勢：**本月運勢平平，正月期間可以到各大廟宇祈福，為新的一年提升運勢。也可與家人四處走春，享受天倫。

平 **二月運勢：**本月份運勢有些下降，要多多注意身體健康方面，平日飲食作息都要盡量正常，以免造成大問題。

凶 **三月運勢：**本月運勢不佳，你可能會為了健康問題跟家人有些爭執，或是事業上會有卡關甚至破局的情況，讓你很心煩，凡事冷靜思考，是最重要的課題。

吉 **四月運勢：**本月運勢大好，前幾個月無法順利推展的事情，會因為貴人的扶助，或者正好有資金的挹注，而變得順利，讓你心情大好。

凶 **五月運勢：**本月份要特別注意破財的問題，尤其要留意自己與家人的健康，以免因此造成損財，以保平安。

凶 **六月運勢：**本月份你的火氣有點大，很容易跟人產生口角，出入時也要小心，以免因為心浮氣躁而帶來血光意外之災，做任何事情都要小心。

中 **七月運勢：**本月份運勢回升，前幾個月讓你心煩的事物，都會有一些舒緩，心情也會因此好轉，有利於調整腳步，也不妨趁此機會進行身體健康檢查。

吉 **八月運勢：**本月運勢佳，想要推動的事情都會有貴人來幫忙，投資理財方面也會有不錯的進帳，記得拿一些獲利出來幫助需要幫助的人，會讓你的運勢更加亨通。

平 **九月運勢：**本月運勢好壞參半，容易與家人或者同事有意見不合，甚至有口角糾紛，記得控制一下自己的情緒，凡事退一步，反而能帶來好結果。

中 **十月運勢：**本月運勢平平，適合藉這個機會整理家務，或者從事休閒運動，趁機打理好自己的步調，為更健康的生活打好基礎。

中 **十一月運勢：**本月份運勢不錯，凡事都有貴人幫助，不管事健康或者工作方面的問題，都有機會獲得解決，讓你的心情也跟著愉快起來。

平 **十二月運勢：**本月份的運勢比較低迷，接近年關，更要特別注意健康問題，不要因為放鬆就暴飲暴食，造成身體的負擔影響健康。凡事保守為宜。

肖虎者運勢

（7、19、31、43、55、67、79、91 歲）

⊙本年運勢：

屬虎的朋友今年逢歲破，運勢上來說比較低迷，各方面都需要特別小心。因正沖的關係，所以要特別預防車禍、受傷等血光意外事故。另外，在生活中比較容易有是非口舌。因此凡事低調小心，不要與人爭執，正月十五日之前可前往廟宇安太歲，對運勢的提升會有所幫助。

1926 年（15 年）　丙寅虎　91 歲

今年因犯歲破的關係，要特別注意血光，外出交通要小心，平日在家也要注意不要跌倒或受傷，除此之外，運勢算是平穩，可至廟裡安太歲、點光明燈保平安。

1938 年（27 年）　戊寅虎　79 歲

今年是屬虎裡面運勢不錯的一位，雖然逢沖，但是吉凶參半的組合，有越沖越旺的趨勢，但還是要安太歲，以避免小人是非。

1950 年（39 年）　庚寅虎　67 歲

今年的組合比較不好，是屬虎裡面要特別小心的一位。健康方面需要特別注意，也不建議大型投資，如房產、股票，都要盡量仔細，避免損失。

1962 年（51 年）　壬寅虎　55 歲

本年度出生的屬虎者運勢旺，各方面會有很好的成績，不管是工作、事業、財運，逢沖必發，是所有屬虎裡頭，運勢最旺的年份。

1974 年（63 年）　甲寅虎　43 歲

本年度出生者是屬虎裡頭運勢比較不好的。基本上有漏財的狀況，金錢、投資各方面容易出問題，例如獲利不如預期。注意行事保守，不虧就是賺。

1986 年（75 年）　丙寅虎　31 歲

運勢平平，整體而言算中等，開車、騎車方面要注意，年初的時候可安太歲、點光明燈，對運勢會有加分的作用。

1998 年（87 年）　戊寅虎　19 歲

整體運勢旺，貴人特別多，會因貴人的幫忙，而讓一些意外問題大事化小、小事化無，需要特別注意的是出入方面。

2010 年（99 年）　庚寅虎　7 歲

今年健康狀況會比較弱一點，注意呼吸系統、感冒等問題，也要留意因遊戲造成的受傷。

每月運勢

(平) **一月運勢：**本月的運勢平平，但因為犯歲破的關係，記得在本月十五日之前到廟裡安太歲，祈求一整年平安順暢。

(平) **二月運勢：**本月運勢吉中有凶，做任何事情都要三思，不要冒險躁進，需要決定的重大事件，一定要考慮再三，以免遭受損失。

(中) **三月運勢：**本月運勢中上，適合好好修身養性，或者利用閒暇期間從事公益活動，都能讓自己的運勢加分。

(凶) **四月運勢：**本月份運勢不佳，需要特別注意財務與人際交往的問題。有可能因為跟人有爭端而損財，脾氣要稍微收斂一下，凡事低調忍讓。

(吉) **五月運勢：**本月份運勢明顯回升，你的心情也會明顯的變好，在事業上與夥伴的合作也順暢許多，會獲得很多幫助，收入也會明顯的增加。

(中) **六月運勢：**本月運勢持平，只要小心行事，就能延續上個月的好運，因為犯歲破的緣故，還是凡事要小心低調，就能平安度過。

凶 **七月運勢：**本月份運勢不佳，你的脾氣會比較衝，與家人或事業夥伴會因為觀念的不同而鬧脾氣，有口角衝突，記得要好好控制自己的情緒，出入也要多小心，避免血光意外。

中 **八月運勢：**本月份運勢回升，心情上不再那麼緊繃，可以好好的放鬆，或者進行一個小旅行，但因為凶星的影響，外出時還是要多加小心留意。

吉 **九月運勢：**本月運勢很不錯，各方面都出現貴人來幫助你，有一種心想事成的感覺，想要投資理財的朋友，也可以在本月進行，會有不錯的獲利。

中 **十月運勢：**本月運勢好壞參半，為避免破局，任何合作的機會避免在這個月啟動，與人交往不要太過強勢，避開口角爭端，就能帶來好運。

平 **十一月運勢：**本月份運勢平平，凡事盡量低調、保守，也可以趁此機會韜光養晦，很適合做學習、進修等相關的事情。

平 **十二月運勢：**本月份運勢持平，年關將近，適合進行居家打掃，採買年貨，放寬心迎接新的一年。

肖兔者運勢

（6、18、30、42、54、66、78、90 歲）

⊙本年運勢：

今年整體運勢來說，因為吉星高照，貴人運非常旺，事業上容易受到貴人的幫助而升官加薪。投資上也有機會聽到不錯的消息，得到很好的獲利。合作上也容易遇到好的夥伴，而能有不錯的進展。各方面的發展都因有貴人相助的關係，有很大的加分，可說是最幸運的生肖。

1927 年（16 年）　丁卯兔　90 歲

今年運勢整體而言，除了健康方面需要稍微注意一下，其他方面都持平，保持心情愉快，就不會有太大的問題。

1939 年（28 年）　己卯兔　78 歲

今年大運是非常旺，貴人運很好，事業跟工作上都會有升遷的機會，在投資方面，也會因貴人的意見而有大的加分。

1951 年（40 年）　辛卯兔　66 歲

今年在屬兔的生肖裡算比較辛苦的一位，工作運勢起伏比較多，摩擦比較多，幸好有貴人幫忙，能夠避開比較不順遂的地方。注意不要投資，也不要為人作保，以避免虧損。

1963 年（52 年）　癸卯兔　54 歲

今年算是財運最旺的兔，最主要是因為有貴人的扶助而如魚得水。投資方面只要仔細、慎重的判斷，今年的獲利會很不錯。

1975 年（64 年）　乙卯兔　42 歲

今年比較容易出現漏財的情況，雖然整體運勢還不錯，但還是容易發生損財的狀況，借貸或大型投資要盡量避免。

1987 年（76 年）　丁卯兔　30 歲

今年不管在投資、工作或愛情運上都很不錯。只要行事不要冒進，凡事先想一想再做，就不會有太大問題。

1999 年（88 年）　己卯兔　18 歲

今年在屬兔裡頭算是非常旺的，貴人多，運勢佳，會因貴人的幫助，學業方面有不錯的成績。

2011 年（100 年）　辛卯兔　6 歲

今年要注意健康方面的問題，特別是運動、玩樂造成的傷害，但貴人運強，如遇到問題，應該都可以順利度過。

每月運勢

(平) **一月運勢：**本月份運勢持平，可以好好享受新年的假期，放鬆一下，也適合利用心情平順的時期，好好規劃一整年的計畫。

(平) **二月運勢：**本月份延續上個月的平穩，今年因為吉星高照的關係，各方面的運勢都不錯，只要按部就班，就不會有太大問題。

(凶) **三月運勢：**本月運勢有些下降，特別是在財運方面，容易有損財的狀況產生。因此要管好自己的錢包，一不小心就很容易亂花錢，如果想要投資理財，也要三思而行。

(中) **四月運勢：**本月運勢中上，心情一片春暖花開，可以與家人相聚，享受天倫之樂，或者來一趟小旅行，或安靜的待在家裡，整理家務也都是很不錯的。

(凶) **五月運勢：**本月份你會有些心煩氣躁，受到運勢的影響，可能會與人有些爭執，產生口角衝突，建議你，不管在工作上或者家人相處上，都要注意控制自己的脾氣。

(吉) **六月運勢：**本月運勢大好，感覺全世界都來幫你，事業上你可以呼風喚雨，想做的事情都會有人出手相挺，收不回的款項或者各種投資獲利，在這個月都能獲得解決，讓你進帳不少，心情飛揚。

(中) **七月運勢：**本月份延續上個月的好運，雖然沒有那麼大鳴大放，但基本上還是受到老天的眷顧，工作事業上會有不錯的發展。

(平) **八月運勢：**本月份運勢下降，出入要注意，行事不要太過衝動，否則容易與人產生爭執，甚至會有血光意外發生。行事盡量低調，有關合作談判的事宜，可以延到下個月再進行，會比較順利些。

(吉) **九月運勢：**本月份運勢很不錯，一掃上個月的陰霾，非常適合開啟一個新的階段，不管是要創業或與人合作，都是一個非常好的月份，容易遇到好的合夥對象，對財運也有加分。

(吉) **十月運勢：**本月份運勢持續上揚，財運更加旺盛，如果有想要投資的項目，可以在本月啟動。工作上如果遇到瓶頸，在這個月也可望會受到貴人的幫助，而有了新的契機，很值得期待。

(凶) **十一月運勢：**本月份有火氣上升的狀況，工作事業上可能會遇到一些對手的挑戰，記得要冷靜以對，避免與人產生爭端。適時的紓壓，有助於削減心中的壓力。

(平) **十二月運勢：**本月運勢持平，年關將近，可以將心思放在採辦年貨上，用一種比較輕鬆的心情來面對，也可以安排一些精進自己的課程，為來年打好基礎。

肖龍者運勢
（5、17、29、41、53、65、77、89歲）

⊙本年運勢：

屬龍的朋友，今年因為有凶星入宮，特別容易有血光之災。所以出入不管是搭車、開車、走路等等都要特別小心。使用利器，像是刀、剪也都要特別留意，避免受傷。農曆正月十五日前可到廟裡制白虎，或點光明燈，讓運勢可以提升，避開血光之災。

1928年（17年）　戊辰龍　89歲

今年運勢非常旺，有貴人運，整體平順，即使有小狀況，也都會因貴人的助力而使傷害減到最輕。另外可配戴平安符，以避開凶星的影響。

1940年（29年）　庚辰龍　77歲

今年運勢好壞參半，好的時候有貴人相助，會帶來財運。不好的時候，可能會有血光之災，農曆的特定月份，如二月、三月、九月、十二月，都要特別注意小心，其他月份則沒有太大的問題。

1952年（41年）　壬辰龍　65歲

今年因為跟流年形成三合，主貴人，帶財運，想要投資、理財、買不動產，這個年份來說都是不錯的，除了要特別防意外、血光之災。農曆正月十五日前可去廟裡制白虎。

1964年（53年）　甲辰龍　53歲

今年有洩氣的狀況，錢財方面比較有耗損，另外騎車、開車要小心，避免因相關的狀況導致錢財損失，例如意外的賠償等。可在正月十五日前去制白虎，避免不好的影響。

1976 年（65 年）　丙辰龍　41 歲

今年整體運勢持平，要特別注意行車安全。此外，貴人運不錯，在事業、投資部分都有加分。

1988 年（77 年）　戊辰龍　29 歲

今年在屬龍裡頭運勢相當不錯的一位，貴人、福星、吉星都降臨在本年度出生的朋友身上，雖然有白虎星的不利影響，但只要記得制白虎，出入小心，就不會有太大問題。

2000 年（89 年）　庚辰龍　17 歲

今年因為犯白虎星，再加上年輕氣盛，要特別注意避免跟同學之間的小摩擦，只要釐清問題在哪裡，避免爭執即可。

2012 年（101 年）　壬辰龍　5 歲

今年整體運勢不錯，財運很旺，因為年紀小，只要表現出可愛、天真的樣子，今年領到的紅包會比往年多喔！

每月運勢

(平) **一月運勢：**本月份運勢中下，由於凶星入宮的關係，本月十五日之前記得到廟中制白虎，以消除凶星的影響，對運勢的提升也有幫助。

(凶) **二月運勢：**本月運勢低迷，尤其出入、行車方面都要特別注意，否則可能會因為血光之災，進而造成財物的損失。凡事謹慎，多積福德，可以讓運勢較為順暢。

(凶) **三月運勢：**本月運勢依然不佳，與人相處方面要特別注意，出門在家都要盡量避免與人爭吵，閒事莫管，以免招來口角，甚至引起血光意外，要多加小心。

(中) **四月運勢：**本月份運勢有所上揚，心情也稍微能夠放鬆一些，工作各方面都能感覺到沒有那麼緊繃，可趁此機會好好調整自己的狀況，行有餘力也可以多參加公益活動，累積福德。

(中) **五月運勢：**本月運勢持續平穩，可以多花點時間跟家人相處，或者安排進修、學習，對你都會有很大的助益，只是仍受凶星影響，凡事都要多加小心留意。

(中) **六月運勢：**本月運勢持平，各方面都平穩，保持穩定的工作態度，慢慢累積自己的能量，凡事保守、低調，就會帶來好運氣。

(吉) **七月運勢：**本月運勢大好，各方面都有機會獲得貴人的幫助，而大有斬獲。工作上有升官加薪的跡象，只要平日努力表現，都能獲得上司的肯定，財運也相當不錯。

(吉) **八月運勢：**本月運勢依舊是不錯的，各方面的發展都能有得力助手的幫忙，貴人運很旺盛，想要進行的各種事項，像是買房、投資、合作，都可以把握這個月的好運氣。

(凶) **九月運勢：**本月運勢不佳，容易有行事衝動的狀況，各種事情的進行好像也都卡卡的，備受阻礙。這時候就要多拿出一點耐心，千萬不要躁進，否則很容易因為爭執而破局，甚至會有血光意外。

(中) **十月運勢：**本月運勢回穩，可以趁這個機會好好檢視一下工作、感情各領域，多與家人相聚，有空閒的時間也可以多行善積德，都能為自己累積正向能量。

(中) **十一月運勢：**本月運勢再起，好運勢讓你在工作事業上會有很好的表現，財運更好，可以好好把握這個機會，年底再衝刺一陣，準備過個好年。

(凶) **十二月運勢：**本月份運勢不佳，凡事要多加小心，事情表面上看起來不錯，執行時卻容易出現狀況，要耐心以對。切記與人爭執口角，凡事忍讓，退一步才有轉機。

肖蛇者運勢

（4、16、28、40、52、64、76、88 歲）

⊙本年運勢：

屬蛇的人今年吉星入命宮，運勢非常旺，很多事情都會有貴人的幫忙跟輔助，事業工作可說是如魚得水。人際關係表面上看起來不錯，但要注意小摩擦或爭執，注意防範小人，就不會有太大問題。

1929 年（18 年）　己巳蛇　88 歲

今年整體運勢很旺，無論在財運上還是貴人方面都很不錯。雖然如此，仍不建議做比較大型的新投資，在原本既有的投資上著力比較容易獲利，算是收成的一年。

1941 年（30 年）　辛巳蛇　76 歲

今年運勢算是好壞參半，好的時候很好，不好的時候落差比較大，雖有貴人，但也要避免跟他人有摩擦爭執。股票等偏財型的投資要盡量避免。

1953 年（42 年）　癸巳蛇　64 歲

今年在事業跟錢財投資方面手氣比較好，可以看到錢財入袋，貴人運不錯，唯獨需注意溝通方面的問題，盡量避免與人爭執。

1965 年（54 年）　乙巳蛇　52 歲

今年財運、事業運都很旺，貴人也特別多，人際關係跟事業有機會更上一層樓，但人怕出名豬怕肥，越旺越要注意小人搬弄是非。另外身體方面也需要特別注意，可能前幾年工作上體力投入多，今年身體就比較差一點，飲食作息盡量正常。

1977 年（66 年）　丁巳蛇　40 歲

今年運勢屬於中上，貴人運也不錯，但要特別注意胃腸問題，另外交通也要注意，避免不好的事情發生。

1989 年（78 年）　己巳蛇　28 歲

今年貴人運非常旺，事業上可說是如魚得水，升官的機會大好，財運也上升，只是工作上一些小細節要注意，就能替自己加分更多。

2001 年（90 年）　辛巳蛇　16 歲

今年企圖心很強，學業方面會努力爭取好成績，要特別注意的是在玩樂遊戲時，避免跟同儕有爭執，就能替自己帶來好運。

2013 年（102 年）　癸巳蛇　4 歲

今年整體運很好，沒有太大的問題，家人會非常疼愛，是一個得寵、愉快的年份。

每月運勢

(凶) **一月運勢：**本月份運勢不佳，會有損財的狀況，也容易與別人產生爭執，但因為有吉星入宮，會稍微減緩不好的影響，但還是要多加小心，不要隨意亂花錢，也不要多管閒事，以免惹禍上身。

(平) **二月運勢：**本月運勢平平，只要行事作風穩當，凡事按部就班就不會有太大問題，在吉星入宮的幫助下，一切都能平安順利。

(中) **三月運勢：**本月運勢持平，因為受到吉星的幫助，做事情阻礙較少，可以多參與公益活動，為自己累積更多的福德，運勢更佳。

(中) **四月運勢：**本月運勢平穩，不管與家人或者情人在一起，都能感受到愉快的氣氛，不妨放鬆心情，好好享受好運勢。

(中) **五月運勢：**本月運勢持續穩定上揚，工作事業各方面只要不冒進，都沒有太大問題，可以利用運勢不錯的時機，再多加把勁努力，對工作運有不錯的提升。

(中) **六月運勢：**本月運勢依舊很穩定，你的心情也會很悠閒，不妨安排個小旅行，邊享樂邊工作，行有餘力也可以多幫助別人，對運勢會有加分的效果。

㊣ **七月運勢：**本月運勢吉中帶凶，雖然財運跟貴人運很不錯，但是另一方面卻很容易與人有爭端，運勢上沒有麼順暢，各方面容易起糾紛，甚至會有血光意外，要多加小心。

㊍ **八月運勢：**本月運勢非常旺，在貴人的幫助之下，做什麼都很順暢，財運也很好，讓你荷包滿滿。

㊥ **九月運勢：**本月份運勢平吉，雖然沒有上個月那麼旺，但各方面的進展還是很不錯的，可以放鬆心情，按照平常的步調來待人處事，依然會有不錯的斬獲。

(凶) **十月運勢：**本月運勢不佳，你有可能會容易心煩氣躁，一不小心就會跟人有爭執，注意控制好自己的脾氣，如果遇到爭端，先冷靜思考是比較好的做法，低調保守就能保平安。

(平) **十一月運勢：**本月運勢中下，雖沒有上個月那麼低迷，但仍需要小心謹慎，盡量不與人爭吵，凡事低調，最適合韜光養晦，學習精進，對運勢都有提升的效果。

(吉) **十二月運勢：**本年度最後一個月，運勢非常旺盛，應該可以領到不錯的年終獎金，各種等待開展的事務也會受到貴人幫助，各方面的運勢都很得意，能夠開心過個好年。

肖馬者運勢

（3、15、27、39、51、63、75、87 歲）

⊙本年運勢：

屬馬的朋友今年因有凶星入宮，要特別預防血光之災，騎車開車、出入都要多小心，做任何事情都多留一份心，就能避免意外發生。農曆正月十五日之前，可到廟宇中制天狗來化解，減少不好的影響。

1930 年（19 年）　庚午馬　87 歲

今年因為犯天狗，要防血光，安全方面要多注意，避免受傷、開刀。健康方面要注意消化道與呼吸系統的小毛病。

1942 年（31 年）　壬午馬　75 歲

今年整體大運不錯，財星、貴人都很旺。投資會有斬獲，事業第二春會有不錯的開展。今年要避免參加體能方面的活動，如騎車、登山活動，以防血光意外。

1954 年（43 年）　甲午馬　63 歲

今年容易有漏財的狀況，要特別注意身體方面，可能會因為手術開刀等血光之災，或相關問題而產生的金錢損失。今年也不適合投資或創業，行事盡量保守。

1966 年（55 年）　丙午馬　51 歲

今年可說是得天時，官運亨通，但要特別小心因事業財運旺，四處奔波時產生車關或受傷等血光意外。行車、出入要多加小心。

1978 年（67 年） 戊午馬 39 歲

今年運勢非常旺又逢貴人幫助，工作上有所斬獲，能逆勢而上，只要多注意與他人溝通的問題，妥善處理就會為自己帶來更多好運。

1990 年（79 年） 庚午馬 27 歲

今年是被克制住的馬，整體發展上處處受限，付出的時間精神體力多，但回報不如預期，是比較累的一年。行事不要過於衝動，保守為宜。騎車開車等不要受情緒影響，以防血光。

2002 年（91 年） 壬午馬 15 歲

今年貴人、財運都很不錯，以學生來說，應該是嶄露頭角，才華被看見的一年，也有機會接觸其他方面的事務，對自己的學習很有幫助。但在校運動、跑步、球類運動要稍微注意，避免產生意外。

2014 年（103 年） 甲午馬 3 歲

今年備受長輩疼愛，有長輩緣。家人照顧時要注意日常活動及遊戲時的安全，否則容易有血光的問題。

每月運勢

(中) **一月運勢：**本月運勢平平，雖然貴人運與財運不錯，但因為凶星入宮，凡事要多小心，預防血光之災，本月十五日前可到廟中制天狗，以保平安。

(凶) **二月運勢：**本月運勢不佳，加上凶星入宮，凡事應該更低調謹慎，切莫管他人閒事，盡量不要與人有口角爭執，否則容易有血光之災，要多加小心。

(平) **三月運勢：**本月運勢平平，出入行車都要小心，凡事以和為貴，待人處事多留一份心，以避免不必要的意外傷害。

(平) **四月運勢：**本月運勢平平，仍籠罩在凶星的影響當中，平日可以多行善積德，凡事不要計較太多，自然可以安然度過。

(凶) **五月運勢：**本月運勢低迷，工作事業上會遭遇到莫名的阻礙，或者遇到對手找你麻煩，但凡事要多忍耐低調，不要跟人正面衝突，以免帶來災禍。

(吉) **六月運勢：**本月一掃前幾個月的陰霾，運勢上揚，整個氣勢很不錯，凡事都有貴人來相助，做起事情來倍感得心應手。

(中) **七月運勢：**本月運勢平吉，心情也感到比較輕鬆，可以趁機調整自己的步伐，或者多花時間與家人相處，但行車、外出還是要多加小心。

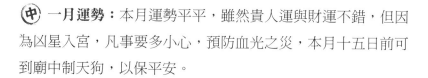

(中) **八月運勢：**本月運勢中上，適合安排一些學習精進的事情，或者處理家務，把家裡打掃得煥然一新，心情跟運勢也會有所提升。

(吉) **九月運勢：**本月運勢非常旺，貴人運很強，凡事都會有人幫忙，投資運也不錯，可望有好的獲利，一些新提案也適合在本月份啟動，會有不錯的進展。

(中) **十月運勢：**本月運勢平吉，只要依照平常的行事，不要躁進，凡事小心，就不會有太大的問題。

(凶) **十一月運勢：**本月運勢不佳，要特別小心血光意外的發生，做任何事情都要多留意，不要太過急躁，也不要與人發生爭執，低調就能安然度過。

(凶) **十二月運勢：**本月運勢持續不佳，要特別看管好自己的荷包，很容易有漏財的情形，也要防範意外傷害，否則可能會因為這樣而帶來損財的連鎖問題。

肖羊者運勢

（2、14、26、38、50、62、74、86 歲）

⊙本年運勢：

屬羊的朋友，今年要特別注意身體的健康問題，除了平日作息、飲食多注意，保持均衡與正常，身體若有不適就要儘早找出病因，以免輕忽小病，釀成大災。平日可以到廟中拜神農大帝、保生大帝、華陀、扁鵲等醫神，以保平安。

1931 年（20 年）　辛未羊　86 歲

今年明顯的健康方面會受到影響，除呼吸系統外，飲食要特別注意，容易會因為吃壞東西受影響，身體健康是今年最大的功課，謹記健康就是福。

1943 年（32 年）　癸未羊　74 歲

今年運勢還不錯，財運上有所斬獲，可能是事業第二春或投資上有了小小成果，但同樣要注意身體方面的課題，平日要多保養。

1955 年（44 年）　乙未羊　62 歲

今年容易有漏財的狀況發生，例如拿養老金、退休金去投資卻造成損失，也可能因此帶來心理問題，造成身體上的負擔，因此避免貿然投資，金錢方面盡量保守。

1967 年（56 年）　丁未羊　50 歲

今年整體運還不錯，雖然有小小的身體問題需要注意，婚姻、感情上也會遇到一些小狀況，但只要小心處理，都不至於有太大問題。

1979年（68年）　己未羊　38歲

今年是賺錢的年份，貴人會帶來財運，但因病符星的關係，等於是用健康來換錢財，工作上雖然收穫不錯，然而壓力比較大，身體方面會有一些不好的影響，要多注意。

1991年（80年）　辛未羊　26歲

今年運勢較差，呼吸系統比較容易不適，維持身體健康是今年最大的課題，勿自恃年輕而輕忽。另外，今年也不適合啟動大型的投資。

2003年（92年）　癸未羊　14歲

今年運勢很旺，會有很多貴人幫助，考試與學習方面都會有很正面的影響。身體部分要特別注意呼吸系統的問題。

2015年（104年）　乙未羊　2歲

今年最需要注意的是身體方面，會容易發生感冒等呼吸道的問題，家人在照顧時要特別注意，出入公眾場合時做好防範，以防傳染。

每月運勢

(平) **一月運勢：**本月份運勢較平，特別要注意身體健康的問題，過年期間盡量避免大吃大喝，以免引起腸胃不適。另外也要盡量避免到醫院探病。

(中) **二月運勢：**本月份運勢不錯，運勢好壞兼有，但好比壞多，凡事都會有貴人扶助，可逢凶化吉，例如健康上的問題，會因為貴人的幫忙，而遇到好的醫生等。財運方面也不錯。

(中) **三月運勢：**本月運勢平吉，多多利用時間運動，平日作息要正常，飲食多保養，養成良好生活習慣，就能維持身體健康，也會帶來好運氣喔。

(中) **四月運勢：**本月運勢平平，工作事業上都沒有太大問題，做事按部就班，與人相處盡量謙和，自然凡事順利。

(吉) **五月運勢：**本月運勢很不錯，各方面都有所提升，工作事業，健康方面的事情，都會有貴人幫助，一切順心。

(中) **六月運勢：**本月運勢持平，沒有太大起伏，可以安排一些增進心靈的課程，或者運動養生的行程，保持愉快的心情，自然一切都會很順暢。

(中) **七月運勢：**本月運勢中上，做起事來得心應手，各方面都能獲得助力，除了健康方面要多注意之外，沒有太大問題。

(中) **八月運勢：**本月運勢依然平平，只要不做太大變動，少熬夜，不要暴飲暴食，不進醫院探病，凡事吉祥。

(凶) **九月運勢：**本月份運勢不佳，因犯刑剋，容易與人爭吵，產生糾紛，連帶造成工作的阻礙，因此影響到健康。所以凡事都要小心，盡量不要太計較，多忍讓，自然能逢凶化吉。

(吉) **十月運勢：**本月份運勢旺，先前受到阻礙的事情，在本月份都會順利化解，工作上也可能會因為有資金挹注，讓事業順利開展，身體健康方面的問題，也可望遇到好醫生而有進步。

(凶) **十一月運勢：**本月份運勢較差，做事各方面都要小心，工作壓力會比較大，要找到自己紓壓的方式，避免太過勞累，以免積勞成疾，容易因為身體健康的問題而連帶造成損財，要特別小心。

(凶) **十二月運勢：**本月份運勢也較低迷，你可能會因為各種問題而心浮氣躁，切記凡事三思而行，不要太過衝動，否則容易與人爭吵，甚至造成血光意外等身體的傷害，得不償失。

肖猴者運勢
（1、13、25、37、49、61、73、85 歲）

⊙本年運勢：

屬猴的朋友今年因犯太歲，俗謂「太歲當頭座，無喜必有禍」，所以要注意防血光或意外事故。凡事也要盡量低調，避免惹來意外的事端。農曆正月十五日以前，可到廟宇去安太歲或點光明燈，對整體運勢有幫助。

1932 年（21 年）　壬申猴　85 歲

今年整體運勢很不錯，是所有屬猴裡頭最好的一位，財運等各方面都可以掌握自如，人際關係也很旺。只是因太歲星入宮，不建議做大型投資。

1944 年（33 年）　甲申猴　73 歲

今年容易出現漏財的情形，不適合投資，不論是股票、房地產都不宜，財運上保守為宜，不做不虧，沒有虧就是賺。

1956 年（45 年）　丙申猴　61 歲

本年度出生者就是所謂的太歲猴，綜觀各方面來說，整體運勢算中上，太歲年不適合作投資，但購買自用住宅、搬新房則沒有問題。

1968 年（57 年）　戊申猴　49 歲

今年財星比較旺，雖然犯太歲，但財星高照，事業上會有所斬獲，投資上也會有小型獲利，算是不錯的年份，可以好好掌握。

1980 年（69 年）　庚申猴　37 歲

今年運勢比較低迷，受到太歲星的影響較大，交通行車要小心，投資不宜。安太歲、點光明燈，對於運勢的提升會有所幫助。

1992 年（81 年）　壬申猴　25 歲

今年運勢非常旺，貴人星、財星都有，是非常值得衝刺的一個年份，建議好好保握，別人太歲當頭要低調，但壬申猴反而努力衝刺可得好成績。

2004 年（93 年）　甲申猴　13 歲

今年各方面要保守一些，特別是錢財的保管要小心，避免掉錢或漏財。其他各方面的運勢則持平，沒有太大問題。

2016 年（105 年）　丙申猴　1 歲

本年度出生者是所謂的太歲猴，整體運勢算中上，由於犯太歲的關係，農曆正月十五日前要到廟宇安太歲，點光明燈，避開不好的影響，對運勢會有加分。

每月運勢

(凶) **一月運勢：**本月份運勢不佳，今年又犯太歲，做任何事情都要記得低調，不要跟人爭吵，也不要強出頭，本月十五日前記得安太歲，以保平安。

(平) **二月運勢：**本月運勢平平，因為凶星入宮的關係，做事多有阻礙，要耐心應對，不要太過躁進，按部就班，就能持平順暢。

(吉) **三月運勢：**本月份運勢很旺，雖然還是受到太歲的影響，不可太過高調。但凡事都能感受到有貴人幫助，財運也很不錯，一切順力平安。

(凶) **四月運勢：**本月份吉中帶凶，雖然仍有貴人的幫助，但是壞的影響還是很大，記得盡量不要跟人爭吵，另外也要避免在本月份做重大決定，以免生變。

(中) **五月運勢：**本月運勢回穩，你也感覺到壓力減緩，可以鬆一口氣，給自己安排一些紓壓的活動，多跟家人交流相聚也很不錯。

(中) **六月運勢：**本月運勢平平，因受太歲影響凡事不要太過高調，可以趁此階段多安排一些進修，加強自己的專業，有空閒的時候多助人行善，永保安康。

(中) **七月運勢：**本月運勢平吉，雖然沒有非常旺，但是做起事來也挺順暢的，只要維持平時的步調，不要躁進強出頭，一切就能平安。

(中) **八月運勢：**本月運勢依然維持中上，這段期間可以好好休養生息，放下工作的壓力，整理家務或者休閒旅行，都是不錯的充電活動。

(中) **九月運勢：**本月運勢平平，各方面都沒有太大問題，只要保持平穩的行事，不要做太大的改變與重大決定，應該都能維持平順。

(凶) **十月運勢：**本月份運勢較低迷，要注意損財的情形，特別容易發生在與人爭執後帶來的損失，工作上，與合作夥伴溝通盡量冷靜，以避免損失。

(中) **十一月運勢：**本月份運勢很不錯，不管做什麼事情都會有貴人來推你一把，許多案子都能順利進行，如魚得水。只是還是要小心凶星的影響，凡事謹慎為宜。

(平) **十二月運勢：**本月運勢中下，年關將近，不妨多花點時間打理家務，其他方面不要強出頭，就能平安迎接新年到來。

肖雞者運勢

（12、24、36、48、60、72、84歲）

⊙本年運勢：

屬雞的朋友，男性的部分受到吉星高照，工作上容易看到成果，事業運很不錯。但女性相對來說沒有那麼好，工作壓力反而會較大一些，另外還要避免爛桃花帶來的問題。

1933年（22年）　癸酉雞　84歲

今年運勢很不錯，也有貴人運，但不適合做投資。建議在健康方面多著墨，可多運動，尤其男性長者，多到戶外曬太陽，對運勢有幫助。

1945年（34年）　乙酉雞　72歲

今年度比較會有漏財的問題，尤其是本年度出生的女性，財運方面的問題比較大，避免借錢給他人，男性的話則運勢持平。

1957年（46年）　丁酉雞　60歲

今年運勢平平，男性比較旺，事業發展上有特別的加分。女性的運勢則不如男性來得順利，凡事謹慎小心，就能逢凶化吉。

1969年（58年）　己酉雞　48歲

今年是屬雞裡頭最旺的，有貴人相助，財運上加分。男性方面，桃花比較旺，是很有有魅力的年份，但可別因此太花心，造成不好的影響。女性則要多注意健康、保養的問題。

1981年（70年）　辛酉雞　36歲

今年運勢發展會感覺到綁手綁腳，尤其女性特別明顯，要付出加倍的努力才會有成果。男性要注意財運的問題，不宜做大型投資。

1993年（82年）　癸酉雞　24歲

今年運勢很不錯，從事創意工作的人，專業才能被看見的機會大增，因此怎麼抓住機會，好好發揮，是今年的課題。女性要注意不好的桃花，盡量避免不適合的感情，減少自己在無形中受到的阻礙。

2005年（94年）　乙酉雞　12歲

今年運勢算不錯，但比較需要多付出一些努力。男同學會因公眾事務，容易得到異性青睞。女同學則可將努力鎖定在課業上，會有不錯的收穫。

每月運勢

(平) **一月運勢：**本月運勢平平，男性朋友因為受到吉星壟罩，運勢還不錯，凡事都能順心如意。女性朋友則運勢平平，不過只要謹慎行事，平時多行善積德，就不會有太大問題

(凶) **二月運勢：**本月運勢不佳，盡量避免與人有口角爭執，以免帶來不好的影響，外出行車都要小心，避免血光之災。

(吉) **三月運勢：**本月運勢很不錯，特別是男性朋友會獲得異性貴人的幫助，運勢更加是好上加好。

(吉) **四月運勢：**本月份運勢更旺，做任何事情都會有貴人相助，一切都很順暢，財運也很不錯喔，有想要投資的標的都可以把握本月良好的運勢，應會有不錯的獲利。

(中) **五月運勢：**本月運勢平平，可以多花點時間在感情的經營上，男性朋友若與另一半有良好互動，對於運勢會加分不少。女性朋友若有新對象，則要多方觀察，再做決定比較好。

(中) **六月運勢：**本月運勢依舊平穩，沒有大起大落，趨吉避凶的最佳妙方，就是按部就班，女性朋友對於刻意接近的異性要小心防範，以避免爛桃花的糾纏。

(中) **七月運勢：**本月運勢中上，有機會可以好好檢視人際關係，過去如果有誤會、衝突，可望在本月能有化解的機會，要好好把握。

凶 **八月運勢：**本月運勢不佳，你容易因為主觀意識比較強，講話較衝，而與人有爭執，凡事最好冷靜思考後再行動，以免後悔莫及。女性則要多注意爛桃花帶來的影響。

凶 **九月運勢：**本月運勢不佳，要避免損財的問題，特別是女性朋友要小心因為異性而有所損失，交友方面要多加注意。

中 **十月運勢：**本月運勢中上，擺脫前兩個月的低迷，你的心情也變得比較輕鬆起來，男性朋友魅力大增，可望桃花朵朵開，但切記不可腳踏多條船，反而帶來不好的影響。

凶 **十一月運勢：**本月份容易有太過自信的狀況產生，而沒有預估到事情可能不如預期，這也會讓你很煩心，火氣就更大了，要注意控制你的脾氣，免帶來更多麻煩。

中 **十二月運勢：**本月份運勢很旺，事業、財運都很不錯，感情方面特別好，男性朋友如果有論及婚嫁的對象，有機會可以抱得美人歸。女性朋友在本月份也比較容易遇到好的對象。

肖狗者運勢

（11、23、35、47、59、71、83 歲）

⊙本年運勢：

屬狗的朋友，今年受到凶星的影響，要盡量避免探病、接近喪事，運勢上會比較順暢。家中也要預防類似的問題。另外，今年度也不適合遠遊，或到不方便聯絡的地方，身體健康也要多加留意。

1934 年（23 年）　甲戌狗　83 歲

今年有洩氣的情形，身體方面要注意，也要留意漏財的狀況，尤其是因健康方面產生的支出。盡量少接近喪事，避免到醫院探病，避開不好的影響。

1946 年（35 年）　丙戌狗　71 歲

今年整體運勢平穩，貴人運不錯，但要留意避免接近喪事或與喪事有關的東西，以降低運勢受到不好的影響。

1958 年（47 年）　戊戌狗　59 歲

今年可說貴氣臨門，雖然有喪門星的影響，只要避免接觸喪事，整體運還算是蠻好的，貴人又能帶來財運，是錢財臨門的年份。

1970年（59年）　庚戌狗　47歲

今年運勢上受到壓制，各方面發展空間比較小一點，雖然想努力發揮，但沒有想像中的順暢，要多付出些努力，凡事保守低調。

1982年（71年）　壬戌狗　35歲

今年算是很旺的一年，幸運星跟財星都降臨，除了要避免接近有關喪事的事情之外，其餘各方面都很不錯。

1994年（83年）　甲戌狗　23歲

今年運勢持平，事業剛起步，難免想力求表現，但要謹記這個階段重要的是經驗，而不是光想著賺錢。若以賺錢為目的，會容易洩氣而有損失。

2006年（95年）　丙戌狗　11歲

今年整體運勢平平，功課、考運還可以，只要認真讀書不會有太大的問題，盡量不要接觸喪事、普渡用品，對運勢會有影響。

每月運勢

(吉) **一月運勢：**本月份運勢很好，一開春就有個好的開始，宜好好把握，藉由很強的貴人運與財運，在工作上努力衝刺，可望開春就能先下一城，但切忌盡量不要參加喪事，以保平安。

(中) **二月運勢：**本月的貴人運仍然很強勢，做什麼都很得心應手，如魚得水，唯獨要注意不要衝過頭而忽略健康問題。

(凶) **三月運勢：**本月份運勢不佳，你容易因為主觀過強而與人有衝突，在工作事業上不要太過衝動，多聽別人的意見，冷靜思考，避免與人衝突，才能讓事情順利進展。

(中) **四月運勢：**本月運勢平平，許多不順遂的狀況都能獲得紓解，可以趁機為自己安排一些休閒活動，好好放鬆一下。

(吉) **五月運勢：**本月運勢很旺，身體健康方面的問題，會受到貴人的幫助而獲得解決，事業方面財運也很好，有加薪的機會，要好好把握。

(凶) **六月運勢：**本月你會突然變得很霸道，聽不進別人的意見，火氣也很大，很容易跟人產生糾紛，要切記退一步海闊天空，凡事不要躁進，以免為自己帶來損失。

(中) **七月運勢：**本月份運勢中上，心情上比較輕鬆，保持規律的生活，飲食多注意，好好保養身體，切記喪事、探病之事勿近，自然平安。

㊇ 八月運勢：本月份財務方面會有些問題，要注意小人暗中扯後腿，凡事低調不要太過張揚，態度謙虛，就能避免別人暗害，造成你的損失，身體健康也要多加注意。

㊥ 九月運勢：本月運勢中上，平凡中更能體會幸福滋味，將注意力放置在每天的日常生活中，放鬆心情，維持良好作息，一切都會很順暢。

㊥ 十月運勢：本月運勢依然很不錯，可以多花點時間關注自己的健康，可為自己安排一些運動課程，都是很不錯的選擇。

㊣ 十一月運勢：本月運勢稍有下降，凡事多加小心，做事低調，心情上不要給自己太大壓力，以免影響健康。

㊇ 十二月運勢：本月要多注意控制自己的脾氣，受到刑剋的影響，你會變得沒耐心，主觀霸道，這時容易影響你的判斷，與人相處就容易有爭端，可能因此落人話柄，讓情勢對自己不利，要切記凡事多忍耐。

肖豬者運勢

（10、22、34、46、58、70、82 歲）

⊙本年運勢：

屬豬的朋友，今年太陰星入宮，女性運勢上特別旺，事業感情都很如意，特別會有異性貴人的幫助，能有不錯的發展。男性朋友相較之下就沒有那麼好，還要小心防範爛桃花的產生。

1935 年（24 年）　乙亥豬　82 歲

此年份屬豬者，今年要特別留意身體問題，會出現財多身弱的狀況，可以多做善事，增加福份，不要出借錢財以免損失。

1947 年（36 年）　丁亥豬　70 歲

今年運勢持平，但可能會有損財的情況，只要不冒險投資，保守一點，就能減少損失。

1959 年（48 年）　己亥豬　58 歲

今年貴人運不錯，特別是女性朋友，各方面都受到貴人的幫忙，會有不錯的發展。男性朋友則會稍微辛苦一些，但整體而言，運勢仍然是不錯的。

1971 年（60 年）　辛亥豬　46 歲

今年運勢上比較辛苦，男性朋友在事業、工作方面缺乏貴人扶助，但是如與另一半或女性上司維持良好的關係，對工作發展則有加分。另外金錢的部分要小心保守，不要貿然投資，可能會帶來損失。

1983 年（72 年）　癸亥豬　34 歲

今年在屬豬生肖裡為運勢最旺，因整體大運跟流年上配合得當，貴人跟財星都很旺，女性特別有加分，但投資上還是要注意，避免浪費好運，造成損失。

1995 年（84 年）　乙亥豬　22 歲

今年整體運都還不錯，女性在工作上會有不錯的發展，運勢中上。但男性運勢較差，盡量韜光養晦，避開一些不必要的是非會比較好。

2007 年（96 年）　丁亥豬　10 歲

今年運勢持平，盡量避免在學校與同學產生摩擦，女生在學校表現會比較好，易受男同學或師長的重視，而男同學則各方面都要加倍努力。

每月運勢

(平) **一月運勢：**本月貴人運很旺盛，特別是女性朋友更是如魚得水，只是也要特別注意，自己的主觀不要太強，以免受到小人暗害，造成損失。

(吉) **二月運勢：**本月運勢更加上揚，受到吉星影響，貴人運與財運大好，做起事來非常順暢，特別是女性朋友會獲得異性貴人的幫助，好上加好。

(中) **三月運勢：**本月運勢平平，可以花點心思經營與家人的關係，女性朋友若與另一半關係良好，還能獲得運勢上的加分。

(凶) **四月運勢：**本月容易因為行事魯莽、欠思慮，而帶來損失，又因為堅持己見，而容易跟人有糾紛。男性朋友更需要注意爛桃花帶來的問題。

(中) **五月運勢：**本月運勢平穩，你很能享受生活帶來的愉快，會想要外出跟朋友一起玩樂，只要行事謹慎，一切都會很順暢。

(吉) **六月運勢：**本月女性朋友會受到異性貴人的幫助，在工作運與金錢運方面都非常旺盛，會有很不錯的收穫。男性朋友運勢上雖然沒有那麼旺，還要嚴防爛桃花，但整體而言還是很不錯的。

凶 **七月運勢：**本月你會受到小人的困擾，做起事來阻礙很多，女性朋友因為有吉星相助，影響較少。男性朋友要多注意接近的異性，不要以為豔福不淺，反而帶來金錢的損失。

中 **八月運勢：**本月運勢中上，雖然沒有大好，也不會有大壞，保持愉快的心情，男性朋友只要不去招惹突然接近的異性，原則上也不會有太大問題。

中 **九月運勢：**本月運勢依然穩定向上，工作方面事情都能順利進展，你的心情也跟著放鬆不少，女性朋友因為吉星高照，發展更好。

凶 **十月運勢：**本月行事作風上你會變得固執不聽人言，團隊合作中容易因為堅持己見而滋生事端，建議你要盡量謙虛，凡事多忍讓，以避開負面運勢的影響。

平 **十一月運勢：**本月運勢中下，雖然擺脫上個月的陰霾，但仍有不利的因素在背景中影響，為人處事要謹慎，低調謙和，就不會有什麼大問題。

平 **十二月運勢：**本月運勢平穩，凡事雖沒有預期中那麼順利，可能會有一些小阻礙，但多半能夠很快化解，不用太過擔心，保持愉快心情，迎接年關即可。

二

丙申年命名大全

姓名學概述

漢字是相當獨特的一種文字，與西方字母不同，漢字是由一筆一畫構成的方塊文字。一個方塊字裡頭，不僅有「象」、有「數」、有「音」也有「義」，亦即《說文解字》提到的：「象形、指事、會意、形聲、轉注、假借。」

從姓名學的角度來說，八字走的是先天命，名字走的是後天運。漢字中的每一個部分都與陰陽五行有所呼應。所以在中國古代，人們便會利用漢字來占卜吉凶禍福，可見漢字不只是單純的文字，更包含著無數的資訊與深意。因此運用在名字上面，對於一個人的影響之大，就不得不謹慎。名字的好壞，關係一個人一生的事業、婚姻、健康乃至親子關係的優劣。

傳統姓名學認為姓名的組合，要考慮許多面向，包括字義、屬性組合、三才、五行、筆劃、生肖、甲骨、八字……要判斷一個人的姓名是否適合，對運勢是否有加分，有兩個重要的步驟：

1 先排出正確的姓名筆劃。

2 針對人格、地格、外格、總格的筆劃來判斷。

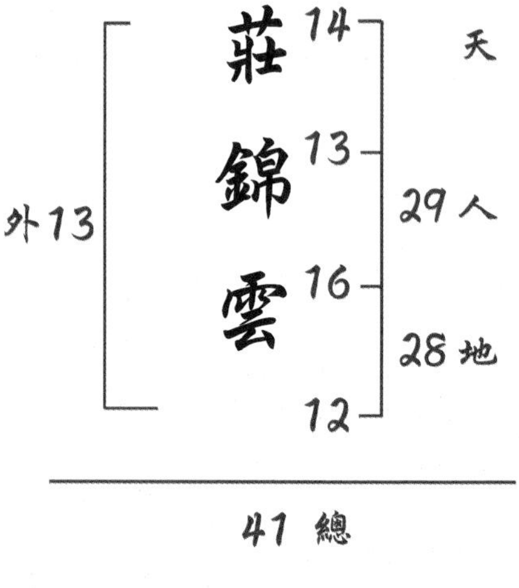

丙申年出生者命名注意事項

●適合的部首

「丙」「丁」「戊」「己」的部首。

今年是丙申年，天干丙屬火，五行上來說火生土，戊、己屬土，戊代表山脈，己代表田園，都是會加分的部首。另外，丙、丁屬火，代表同屬性的組合，丙代表太陽，屬大火，丁代表月亮，屬小火，都能助旺今年出生者的本命星。這四個部首中，又以己土加分最多，戊土次之，丁火第三，丙火第四。

「鼠」「子」「龍」「辰」「酉」的部首。

丙申年地支屬猴，猴跟鼠、龍兩個生肖形成三合格局，主貴人帶財運，因此名字中有鼠、子、龍、辰等相關部首都可以加分。第二個會加分的是與猴形成六合的生肖雞，也就是組合裡頭有隹字、酉字也會加分。其中以三合的加分最多，六合次之。

「木」「禾」「米」「豆」的部首。

針對屬猴的生肖，由於猴子喜歡爬樹，因此木部首的加分最多。禾、米、豆，代表五穀雜糧，表示有東西吃，意味著事業順利，成功發達，也代表福氣、財祿各方面，都能有所斬獲。

「田」「由」「月」的部首。

名字裡有田、由、月等部首，田是生產作物的地方，對猴子來說表示有食物可吃，月又代表肉食，猴子是雜食性動物，這也代表糧食不缺。

「水」「人」的部首。

猴子一向喜歡玩水，有水的部首，表示融洽、愉快。猴子喜歡模仿人，名字中使用人的部首，代表升格，由猴升格為人，六親之間的關係融洽，本身跟父母、子女、晚輩、朋友、夫妻關係都會非常良好。

「金」「玉」的部首。

名字組合裡頭有金、玉，對於屬猴的朋友而言，在才華能力、福氣、福祿方面都是加分的。

●不適合的部首

「壬」「癸」的部首。

今年天干為丙，代表火。水是火的剋星，水火相沖，因此天干中的壬癸都是不適合的。壬在五行上屬大水、海水，水火沖又叫無情沖，減分最多，另外癸是露水，雖然沒有海水影響那麼大，但仍然是減分，因此帶有壬、癸部首的字比如庭、葵，都不適合。

「虎」「寅」「豬」「亥」「蛇」「虫」的部首。

今年地支為申，生肖屬猴。十二生肖有刑沖破害的影響，虎與猴在生肖上屬於刑沖，意味著除了正沖，又出現相刑的摩擦組合，影響最大。因為是正沖，暗示容易有血光之災，所以有虎、寅組合的字，例如處、演，就不適合屬猴的生肖使用。

其次，會帶來減分是豬，豬與猴在生肖上屬於六害的組合，六害主損財，因此豬、亥相關的字，比如家、該，都不適合屬猴者使用。

另外組合比較複雜的是蛇，蛇與猴在生肖上是合刑破，合代表加分，刑為磨擦，破為爭執，代表減分，所以蛇、虫、巳等字的組合，比如虹、婉，屬猴者使用會有加分也有減分，一般而言加分少減分多，影響比較複雜，使用時要謹慎評估。

「火」「石」的部首。

古人認為猴子第一忌諱是火，從神話到民間都能見到這樣的說法。在姓名學上，屬猴者使用火的部首，代表刑剋、傷害，影響六親之間的緣分、也會影響到個性。其次石的部首也不適合，對猴子來說，石頭是容易取得的武器，代表互相攻擊或被攻擊，也是減分，意味著血光、受傷，要盡量避免使用。

「宀」「八」「口」「糸」的部首。

寶蓋（宀）、斜蓋（八）、口等部首，對屬猴來說，口代表籠子，關起來的地方，寶蓋代表家裡、斜蓋的代表倉庫。猴子是活潑野性的動物，不適合關起來，使用這幾個部首的字，代表發展容易受到限制，且與父母緣分會比較不好。而糸字旁的字，代表繩子。絲線繩索都有糸字旁，猴子活潑好動，使用糸字旁的字，代表一生中發展容易受到限制。

「刀」「刂」「匕」「力」的部首。

另外就是刀部，刂、匕等帶刀的形狀字體，如力字，隱藏刀的形狀，猴子是悠閒的動物，一定是受到攻擊或影響才用力，暗指容易受傷、開刀。此外如干、戈，屬武器類，對屬猴者的運勢而言都會減分。

「皮」「犬」「犭」的部首。

皮代表頑皮，不安分，頑劣，暗示容易發生災厄、意外、受傷。帶犬、犭的字也不能用，犬象徵猴子的剋星，猴子容易受到驚嚇，暗示發展上會受到很大的影響，不是病弱短壽，就是困苦一生。

丙申年出生，命名需特別小心者

雖同一年份，但不同月份出生者，個人運勢也會不同。以下整理丙申年的幾個需要特別注意的月份。在這些月份中出生的男女，取名除了要留意上述的部首禁忌之外，在筆劃數與排列組合上，都要更加小心。

男生

正月生　帶鐵掃，類似剪刀柄，暗示男掃女家，屬猴一月出生者不能入贅。

四月生　犯破月，對婚姻感情有影響。

八月生　帶桃花，婚姻感情上比較易有不順。

十月生　孤獨格兼亡神煞，取名字要特別注意，避免造成孤僻，疾病喪事之事盡量不要去。

十二月生　犯重婚，命名時在筆劃數、字義上，都要特別留意。

女生

正月生　再嫁，命名時在筆劃數、字義上，都要特別留意。

六月生　寡宿兼破月，對婚姻關係比較有影響，晚婚比較適合。

八月生　帶桃花，但此處桃花代表爛桃花比較多，要小心。

十月生　犯亡神煞，疾病喪事盡量不要參加。

十二月生　帶鐵掃，結婚時要做金屬做的掃把，然後束諸高閣來化解。

姓名八十一數之吉凶靈動表

筆劃數	吉凶	詩　評
一劃	吉	大展鴻圖，信用得固，無遠弗屆，可獲成功。
二劃	凶	根基不固，搖搖欲墜，一盛一衰，勞而無功。
三劃	吉	根深蒂固，蒸蒸日上，如意吉祥，百事順遂。
四劃	凶	坎坷前途，苦難折磨，非有毅力，難望成功。
五劃	吉	陰陽和合，生意興隆，名利雙收，後福重重。
六劃	吉	萬寶雲集，天降幸運，立志奮發，可成大功。
七劃	吉	專心經營，和氣致祥，排除萬難，必獲成功。
八劃	吉	努力發達，貫徹志望，不忘進退，成功可期。
九劃	凶	雖抱奇才，有才無命，獨營無力，財力難望。
十劃	凶	烏雲遮月，暗淡無光，空費心力，徒勞無功。
十一劃	吉	草木逢春，枯葉沾露，穩健著實，必得人望。
十二劃	凶	薄弱無力，孤立無援，外祥內苦，謀事難成。
十三劃	吉	天賦吉運，能得人望，善用智慧，必獲成功。
十四劃	大凶	忍得苦難，必有後福，是成是敗，惟靠堅毅。
十五劃	吉	謙恭做事，外得人和，大事成就，一定興隆。
十六劃	吉	能獲眾望，成就大業，名利雙收，盟主四方。
十七劃	吉	排除萬難，有貴人助，把握時機，可得成功。
十八劃	吉	經商做事，順利昌隆，如能慎始，百事亨通。
十九劃	大凶	成功雖早，慎防空虧，內外不合，障礙重重。

二十劃	**大凶**	智高志大，歷盡艱難，焦心憂勞，進退兩難。
二十一劃	**吉**	專心經營，善用智慧，霜雪梅花，春來怒放。
二十二劃	**凶**	秋草逢霜，懷才不遇，憂愁怨苦，事不如意。
二十三劃	**吉**	旭日昇天，名顯四方，漸次進展，終成大業。
二十四劃	**吉**	錦繡前程，須靠自力，多用智謀，能奏大功。
二十五劃	**吉**	天時地利，再得人和，講信修睦，即可成功。
二十六劃	**凶**	波瀾起伏，千變萬化，凌駕萬難，必可成功。
二十七劃	**凶帶吉**	一成一敗，一盛一衰，惟靠謹慎，可守成功。
二十八劃	**大凶**	魚臨旱地，難逃惡運，此數大凶，不如更名。
二十九劃	**吉**	如龍得雲，青雲直上，智謀奮進，才略奏功。
三十劃	**凶**	吉凶參半，得失相伴，投機取巧，如賽一樣。
三十一劃	**吉**	此數大吉，名利雙收，漸進向上，大業成就。
三十二劃	**吉**	池中之龍，風雲際會，一躍上天，成功可望。
三十三劃	**吉**	不可意氣，善用智慧，如能慎始，必可昌隆。
三十四劃	**大凶**	災難不絕，難望成功，此數大凶，不如更名。
三十五劃	**吉**	中吉之數，進退保守，生意安穩，成就可期。
三十六劃	**凶**	波瀾重疊，常陷窮困，動不如靜，有才無命。
三十七劃	**吉**	逢凶化吉，吉人天相，風調雨順，生意興隆。
三十八劃	**凶帶吉**	名雖可得，利則難獲，藝界發展，可望成功。
三十九劃	**吉**	雲開見月，雖有勞碌，光明坦途，指日可期。
四十劃	**吉帶凶**	一盛一衰，浮沉不定，知難而退，自獲天佑。

四十一劃	**吉**	天賦吉運，德望兼備，繼續努力，前途無限。
四十二劃	**吉帶凶**	事業不專，十九不成，專心進取，可望成功。
四十三劃	**吉帶凶**	雨夜之花，外祥內苦，忍耐自重，轉凶為吉。
四十四劃	**凶**	雖用心計，事難遂願，貪功好進，必招失敗。
四十五劃	**吉**	楊柳遇春，綠葉發枝，衝破難關，一舉成名。
四十六劃	**凶**	坎坷不平，艱難重重，若無耐心，難望有成。
四十七劃	**吉**	有貴人助，可成大業，圓滿無疑，福及子孫。
四十八劃	**吉**	美化豐實，鶴立雞群，名利俱全，繁榮富貴。
四十九劃	**凶**	遇吉則吉，遇凶則凶，惟靠謹慎，逢凶化吉。
五十劃	**吉帶凶**	吉凶互見，一成一敗，凶中有吉，吉中有凶。
五十一劃	**吉帶凶**	一盛一衰，沉浮不常，自重自處，可保平安。
五十二劃	**吉**	草木逢春，枯葉沾露，福自天降，財源廣進。
五十三劃	**吉帶凶**	盛衰參半，外祥內苦，先吉後凶，先凶後吉。
五十四劃	**大凶**	雖傾全力，難望成功，此數大凶，最好改名。
五十五劃	**吉帶凶**	外觀隆昌，內隱禍患，克服難關，開出泰運。
五十六劃	**凶**	事與願違，終難成功，欲速不達，有始無終。
五十七劃	**吉**	努力經營，時來運轉，曠野枯草，春來花開。
五十八劃	**凶帶吉**	半凶半吉，沉浮多端，始凶終吉，能保成功。
五十九劃	**凶**	遇事猶疑，難望成事，大刀闊斧，始可有成。
六十劃	**凶**	黑暗無光，心迷意亂，出爾反爾。難定方針。
六十一劃	**吉帶凶**	雲遮半月，百隱風波，應自謹慎，始保平安。

六十二劃	**凶**	煩悶懊惱，事事難展，自防災禍，始免困境。
六十三劃	**吉**	萬物化育，繁榮之象，專心一意，必能成功。
六十四劃	**凶**	見異思遷，十九不成，徒勞無功，不如更名。
六十五劃	**吉**	吉運自來，能享盛名，把握機會，必獲成功。
六十六劃	**凶**	黑夜漫長，進退維谷，內外不和，信用缺乏。
六十七劃	**吉**	時來運轉，事事如意，功成名就，富貴自來。
六十八劃	**吉**	思慮周詳，計畫力行，不失先機，可望成功。
六十九劃	**凶**	動搖不安，常陷逆境，不得時運，難得利潤。
七十劃	**凶**	慘淡經營，難免貧困，此數不吉，最好改名。
七十一劃	**吉帶凶**	吉凶參半，惟賴勇氣，貫徹力行，始可成功。
七十二劃	**凶**	利害混集，凶多吉少，得而復失，難以安順。
七十三劃	**吉**	安樂自來，自然吉祥，力行不懈，終必成功。
七十四劃	**凶**	利不及費，坐食山空，如無智謀，難望成功。
七十五劃	**吉帶凶**	吉中帶凶，欲速不達，進不如守，可保安祥。
七十六劃	**大凶**	此數大凶，破產之象，宜速改名，以避厄運。
七十七劃	**吉帶凶**	先苦後甘，先甘後苦，如能守成，不致失敗。
七十八劃	**吉帶凶**	有得有失，華而不實，須防劫財，始保平安。
七十九劃	**凶**	如走夜路，前途無光，希望不大，勞而無功。
八十劃	**吉帶凶**	得而復失，枉費心機，守成無貪，可保安穩。
八十一劃	**吉**	最極之數，還本歸元，能得繁榮，發達成功。

丙申年出生者適合職業解析

傳統的風水觀念中，認為這世界上的萬物都是由「金木水火土」所構成，這五行的「相生」、「相剋」，構成了萬物的變化。五行對照的不僅是天上的星辰與地上的物質，在傳統風水觀念中，方位、數字、顏色、時間、乃至人體構造與職業，都有各自的五行屬性。

在「五行」的觀念中，每個人也有各自的「五行屬性」，一旦了解所屬的五行，便可知道自己目前所從事的學習或職業，是不是符合本身的屬性，也可以依此作為對於未來規劃的參考。

對於家長來說，找出小孩子的性向往往是困難的一件事，如果能夠從小就找出適合孩子發展的方向，並適切的輔助引導孩子，對於孩子日後的學習或是就業都容易產生加分的作用。

簡單的說，在一開始挑選科系或職業上，如果能夠依照「五行相生」的原則，避開相剋的情形，不僅讀書與工作能事半功倍，也比較容易獲得好的發展與機會。如果正處於人生的十字路口，也可以依此原則來看看是否需要轉換跑道。

讀者可從下頁之「丙申年曆」中找出出生時的「干支日」，再依據「日干與五行對照」，便能推算出今年出生之人所代表之「易經卦象」。

而在「適合職業」的判定上，則須同時將「出生季節」考慮進去，對出生季節的判定，是以農民曆中的「節氣」為基準。

將一年以「立春」、「立夏」、「立秋」、「立冬」這四個日子區分為春夏秋冬四個季節，在「立夏」後、「立秋」前出生者，其出生季節即為「夏」。

⊙出生日期與易經卦象對照表

出生日期	日干 甲、乙	日干 丙、丁	日干 戊、己	日干 庚、辛	日干 壬、癸
易經卦象	木	火	土	金	水

若是出生於交節氣的當天又怎麼計算呢？事實上「交節氣」是指太陽在某個時點開始走入下一個節氣，所以是以「某日某時」為時間點，過了交節氣該日的該時辰之後，才轉為下一個季節。

而同一屬性，出生季節卻不同的人，在特性上便會有所不同。例如：「火」可以代表火焰，夏天已為躁熱的天氣型態，此時若再不小心火燭，恐因「木」材助燃而釀成火災。因此「夏月之火」便不適合「木」。但如果是「冬月之火」，由於「火」在寒冷的冬日裡顯得微弱，不容易燃燒起來，若是加了「木」材就能燃燒得更旺，藉以取暖過冬。所以季節與屬性的搭配十分重要。

找出孩子所屬的「四時屬性」後，便可以對照「出生季節卦象與適合職業對照表」，找出最適合的職業屬性，再從下面的「五行職業列表」中，就可以找到最適合孩子的發展方向了。

●屬金性行業

與金（金屬、工具、金錢）相關行業：

金銀珠寶業經銷販售、金屬業、貴金屬；五金礦業、冶金、工程、開礦、伐木、刀模、機械、兵工廠、機車行、汽車維修、鎖匙行、修鞋、五金行、武術、音響店、手機行、鐘錶行、眼鏡行、玻璃明鏡店、鋁門窗製作、獎牌徽章店、電器經銷販售、電子器材經銷販售；金融、貿易、經濟、會計、銀行、證券、基金會、彩券行、租車行、網咖、電腦美工設計、動畫師、電話交友、打字員。

屬堅硬性、主動性、主宰性之行業：

軍人、警察、保全、大樓管理員、警衛、討債公司、催帳員、徵信社、外勤公務員、運動、科學、科技、大法官、民意代表、交通事業、司機、鑑定業。

●屬木性行業

與木（木材、紙筆布料、藥材）相關行業：

木材、林業、木工、傢俱、裝潢、木器製造業、特殊動植物生長之學者、植物栽種實驗人員、種植花草樹果業、茶葉種植販售；造紙、纖維、紡織、文具行、影印店、出版社、文藝界、文化事業編輯、作家、校稿員、內勤公務人員、司法警政人員、保健醫療器材、保健衛生、健康食品、醫生、藥劑師、護士、按摩師。

屬心靈導引、潛移默化之行業：

僧侶、教授、教師、心理醫師、命理師、舞蹈老師、比丘、比丘尼。

●屬水性行業

與水（水、海河、冰）相關行業：

水利、航海業、消防業、溫泉業、酒類經銷販售、醬油、浴室、清潔人員；釣具、泳具、水產、漁貨、船員、漁具相關行業；冷飲業、冷凍。冷藏食品、日本料理、飲茶室、冰果室、冷氣。

屬流動性之行業：

流動性之攤販、外交人員、業務人員、仲介、旅遊業、玩具販售、魔術師、特技人員、特殊表演業、遊樂場、電影院、搬家業、送報員、派報員、送羊牛奶員、跑單幫、市調人員（問卷訪問、計次人員）、空勤人員、記者、偵探、演藝業、服務業（餐廳、飲食店、喫茶店、酒家、酒吧、接待業、旅館）、劇團、自由業、行銷企畫人員、研究、調查、分析。

●屬火性行業

與火（火、光、熱、電）相關行業：

冶金、化學、瓦斯、高溫物品、高溫餐飲業廚師、外燴廚師、食品業；照明設備、放映師、錄音師、攝影師、相片館、攝影器材販售、製片業、燈光師；手工藝品、機械加工、食物模型製作、陶瓷製造、工藝、玩具製造、理燙髮業、美容瘦身、修護業、印製業、油品、酒類釀造、汽鍋、暖氣；電氣（發電、機具、工廠）。

具影響性之行業：

評論家、心理學家、演說家、文學（文學研究出版經銷、語文學）、排版、雜誌、新聞、傳播媒體、廣告業、舞台燈光音響、招牌、法律、繪畫、樂器、地毯、窗簾、服飾、衣帽、服裝設計、圖案、裝飾、美工、美容、美術、化妝、美容業、登山用品、玩具槍店、百貨業、十元商店、雕刻、古董。

●屬土性行業

與土（土地、土木）相關行業：

畜牧業、蔬果販賣商、農畜百業、農業、林業、園藝、礦業、運輸、倉儲、房地產買賣、當鋪、古董家、鑑定師、仲介業、代書、律師、法官、管理、設計、顧問、秘書、會計人員、會計師；水泥業、建築業（木工、水泥工、粗工）、垃圾場、停車場、水晶販售、陶瓷、碗盤販售、防水事業、製糊業。

與喪葬有關行業：

葬儀社、靈骨塔、宗教人員、以及所有宗教行業包括金燭店、車鼓陣、誦經團。

丙申年曆

國曆	一月		二月		三月	
農曆	乙未年十二月小		丙申年正月大		二月小	
干支	己丑		庚寅		辛卯	
節氣（國曆）	1月6日 小寒卯時 6時08分	1月20日 大寒子時 23時27分	2月4日 立春酉時 17時46分	2月19日 雨水未時 13時34分	3月5日 驚蟄午時 11時44分	3月20日 春分午時 12時30分
國曆	農曆	干支	農曆	干支	農曆	干支
1	廿二	壬午	廿三	癸丑	廿三	壬午
2	廿三	癸未	廿四	甲寅	廿四	癸未
3	廿四	甲申	廿五	乙卯	廿五	甲申
4	廿五	乙酉	廿六	丙辰	廿六	乙酉
5	廿六	丙戌	廿七	丁巳	廿七	丙戌
6	廿七	丁亥	廿八	戊午	廿八	丁亥
7	廿八	戊子	廿九	己未	廿九	戊子
8	廿九	己丑	正月	庚申	三十	己丑
9	三十	庚寅	初二	辛酉	二月小	庚寅
10	十二月	辛卯	初三	壬戌	初二	辛卯
11	初二	壬辰	初四	癸亥	初三	壬辰
12	初三	癸巳	初五	甲子	初四	癸巳
13	初四	甲午	初六	乙丑	初五	甲午
14	初五	乙未	初七	丙寅	初六	乙未
15	初六	丙申	初八	丁卯	初七	丙申
16	初七	丁酉	初九	戊辰	初八	丁酉
17	初八	戊戌	初十	己巳	初九	戊戌
18	初九	己亥	十一	庚午	初十	己亥
19	初十	庚子	十二	辛未	十一	庚子
20	十一	辛丑	十三	壬申	十二	辛丑
21	十二	壬寅	十四	癸酉	十三	壬寅
22	十三	癸卯	十五	甲戌	十四	癸卯
23	十四	甲辰	十六	乙亥	十五	甲辰
24	十五	乙巳	十七	丙子	十六	乙巳
25	十六	丙午	十八	丁丑	十七	丙午
26	十七	丁未	十九	戊寅	十八	丁未
27	十八	戊申	二十	己卯	十九	戊申
28	十九	己酉	廿一	庚辰	二十	己酉
29	二十	庚戌	廿二	辛巳	廿一	庚戌
30	廿一	辛亥			廿二	辛亥
31	廿二	壬子			廿三	壬子

國曆	四月		五月		六月	
農曆	三月大		四月小		五月小	
干支	壬辰		癸巳		甲午	
節氣（國曆）	4月4日 清明申時 16時28分	4月19日 穀雨子時 23時29分	5月5日 立夏巳時 9時42分	5月20日 小滿亥時 22時36分	6月5日 芒種未時 13時49分	6月21日 夏至卯時 6時34分
國曆	農曆	干支	農曆	干支	農曆	干支
1	廿四	癸丑	廿五	癸未	廿六	甲寅
2	廿五	甲寅	廿六	甲申	廿七	乙卯
3	廿六	乙卯	廿七	乙酉	廿八	丙辰
4	廿七	丙辰	廿八	丙戌	廿九	丁巳
5	廿八	丁巳	廿九	丁亥	五月	戊午
6	廿九	戊午	三十	戊子	初二	己未
7	三月	己未	四月	己丑	初三	庚申
8	初二	庚申	初二	庚寅	初四	辛酉
9	初三	辛酉	初三	辛卯	初五	壬戌
10	初四	壬戌	初四	壬辰	初六	癸亥
11	初五	癸亥	初五	癸巳	初七	甲子
12	初六	甲子	初六	甲午	初八	乙丑
13	初七	乙丑	初七	乙未	初九	丙寅
14	初八	丙寅	初八	丙申	初十	丁卯
15	初九	丁卯	初九	丁酉	十一	戊辰
16	初十	戊辰	初十	戊戌	十二	己巳
17	十一	己巳	十一	己亥	十三	庚午
18	十二	庚午	十二	庚子	十四	辛未
19	十三	辛未	十三	辛丑	十五	壬申
20	十四	壬申	十四	壬寅	十六	癸酉
21	十五	癸酉	十五	癸卯	十七	甲戌
22	十六	甲戌	十六	甲辰	十八	乙亥
23	十七	乙亥	十七	乙巳	十九	丙子
24	十八	丙子	十八	丙午	二十	丁丑
25	十九	丁丑	十九	丁未	廿一	戊寅
26	二十	戊寅	二十	戊申	廿二	己卯
27	廿一	己卯	廿一	己酉	廿三	庚辰
28	廿二	庚辰	廿二	庚戌	廿四	辛巳
29	廿三	辛巳	廿三	辛亥	廿五	壬午
30	廿四	壬午	廿四	壬子	廿六	癸未
31			廿五	癸丑		

丙申年曆

國曆	七月		八月		九月	
農曆	六月大		七月小		八月大	
干支	乙未		丙申		丁酉	
節氣（國曆）	7月7日 小暑子時 0時03分	7月22日 大暑酉時 17時30分	8月7日 立秋巳時 9時53分	8月23日 處暑子時 0時38分	9月7日 白露午時 12時51分	9月22日 秋分亥時 22時21分
國曆	農曆	干支	農曆	干支	農曆	干支
1	廿七	甲申	廿九	乙卯	八月	丙戌
2	廿八	乙酉	三十	丙辰	初二	丁亥
3	廿九	丙戌	七月	丁巳	初三	戊子
4	六月	丁亥	初二	戊午	初四	己丑
5	初二	戊子	初三	己未	初五	庚寅
6	初三	己丑	初四	庚申	初六	辛卯
7	初四	庚寅	初五	辛酉	初七	壬辰
8	初五	辛卯	初六	壬戌	初八	癸巳
9	初六	壬辰	初七	癸亥	初九	甲午
10	初七	癸巳	初八	甲子	初十	乙未
11	初八	甲午	初九	乙丑	十一	丙申
12	初九	乙未	初十	丙寅	十二	丁酉
13	初十	丙申	十一	丁卯	十三	戊戌
14	十一	丁酉	十二	戊辰	十四	己亥
15	十二	戊戌	十三	己巳	十五	庚子
16	十三	己亥	十四	庚午	十六	辛丑
17	十四	庚子	十五	辛未	十七	壬寅
18	十五	辛丑	十六	壬申	十八	癸卯
19	十六	壬寅	十七	癸酉	十九	甲辰
20	十七	癸卯	十八	甲戌	二十	乙巳
21	十八	甲辰	十九	乙亥	廿一	丙午
22	十九	乙巳	二十	丙子	廿二	丁未
23	二十	丙午	廿一	丁丑	廿三	戊申
24	廿一	丁未	廿二	戊寅	廿四	己酉
25	廿二	戊申	廿三	己卯	廿五	庚戌
26	廿三	己酉	廿四	庚辰	廿六	辛亥
27	廿四	庚戌	廿五	辛巳	廿七	壬子
28	廿五	辛亥	廿六	壬午	廿八	癸丑
29	廿六	壬子	廿七	癸未	廿九	甲寅
30	廿七	癸丑	廿八	甲申	三十	乙卯
31	廿八	甲寅	廿九	乙酉		

國曆	十月		十一月		十二月	
農曆	九月大		十月大		十一月大	
干支	戊戌		己亥		庚子	
節氣（國曆）	10 月 8 日 寒露寅時 4 時 33 分	10 月 23 日 霜降辰時 7 時 46 分	11 月 7 日 立冬辰時 7 時 48 分	11 月 22 日 小雪卯時 5 時 22 分	12 月 7 日 大雪子時 0 時 41 分	12 月 21 日 冬至酉時 18 時 44 分
國曆	農曆	干支	農曆	干支	農曆	干支
1	九月	丙辰	初二	丁亥	初三	丁巳
2	初二	丁巳	初三	戊子	初四	戊午
3	初三	戊午	初四	己丑	初五	己未
4	初四	己未	初五	庚寅	初六	庚申
5	初五	庚申	初六	辛卯	初七	辛酉
6	初六	辛酉	初七	壬辰	初八	壬戌
7	初七	壬戌	初八	癸巳	初九	癸亥
8	初八	癸亥	初九	甲午	初十	甲子
9	初九	甲子	初十	乙未	十一	乙丑
10	初十	乙丑	十一	丙申	十二	丙寅
11	十一	丙寅	十二	丁酉	十三	丁卯
12	十二	丁卯	十三	戊戌	十四	戊辰
13	十三	戊辰	十四	己亥	十五	己巳
14	十四	己巳	十五	庚子	十六	庚午
15	十五	庚午	十六	辛丑	十七	辛未
16	十六	辛未	十七	壬寅	十八	壬申
17	十七	壬申	十八	癸卯	十九	癸酉
18	十八	癸酉	十九	甲辰	二十	甲戌
19	十九	甲戌	二十	乙巳	廿一	乙亥
20	二十	乙亥	廿一	丙午	廿二	丙子
21	廿一	丙子	廿二	丁未	廿三	丁丑
22	廿二	丁丑	廿三	戊申	廿四	戊寅
23	廿三	戊寅	廿四	己酉	廿五	己卯
24	廿四	己卯	廿五	庚戌	廿六	庚辰
25	廿五	庚辰	廿六	辛亥	廿七	辛巳
26	廿六	辛巳	廿七	壬子	廿八	壬午
27	廿七	壬午	廿八	癸丑	廿九	癸未
28	廿八	癸未	廿九	甲寅	三十	甲申
29	廿九	甲申	十一月	乙卯	十二月	乙酉
30	三十	乙酉	初二	丙辰	初二	丙戌
31	十月	丙戌			初三	丁亥

丙申年曆

國曆	一〇六年一月		二月	
農曆	十二月大		丁酉年正月小	
干支	辛丑		壬寅	
節氣 （國曆）	1 月 5 日 小寒午時 11 時 56 分	1 月 20 日 大寒卯時 5 時 24 分	2 月 3 日 立春子時 23 時 34 分	2 月 18 日 雨水戌時 19 時 31 分
國曆	農曆	干支	農曆	干支
1	初四	戊子	初五	己未
2	初五	己丑	初六	庚申
3	初六	庚寅	初七	辛酉
4	初七	辛卯	初八	壬戌
5	初八	壬辰	初九	癸亥
6	初九	癸巳	初十	甲子
7	初十	甲午	十一	乙丑
8	十一	乙未	十二	丙寅
9	十二	丙申	十三	丁卯
10	十三	丁酉	十四	戊辰
11	十四	戊戌	十五	己巳
12	十五	己亥	十六	庚午
13	十六	庚子	十七	辛未
14	十七	辛丑	十八	壬申
15	十八	壬寅	十九	癸酉
16	十九	癸卯	二十	甲戌
17	二十	甲辰	廿一	乙亥
18	廿一	乙巳	廿二	丙子
19	廿二	丙午	廿三	丁丑
20	廿三	丁未	廿四	戊寅
21	廿四	戊申	廿五	己卯
22	廿五	己酉	廿六	庚辰
23	廿六	庚戌	廿七	辛巳
24	廿七	辛亥	廿八	壬午
25	廿八	壬子	廿九	癸未
26	廿九	癸丑	二月	甲申
27	三十	甲寅	初二	乙酉
28	正月	乙卯	初三	丙戌
29	初二	丙辰		
30	初三	丁巳		
31	初四	戊午		

出生節氣屬性與適合職業對照表

日干甲乙（木）					
職業屬性 / 出生日	金	木	水	火	土
春月之木	可	良	劣	優	差
夏月之木	可	差	優	劣	良
秋月之木	良	可	劣	優	差
冬月之木	差	可	劣	優	良

日干丙丁（火）					
職業屬性 / 出生日	金	木	水	火	土
春月之火	優	可	劣	良	差
夏月之火	可	劣	優	差	可
秋月之火	差	優	劣	良	可
冬月之火	差	優	劣	良	可

日干戊己（土）					
職業屬性 / 出生日	金	木	水	火	土
春月之土	差	劣	可	優	良
夏月之土	可	良	優	劣	差
秋月之土	劣	優	差	良	可
冬月之土	差	良	優	可	劣

日干庚辛（金）					
職業屬性 / 出生日	金	木	水	火	土
春月之金	良	差	劣	可	優
夏月之金	優	差	良	劣	可
秋月之金	劣	良	優	可	差
冬月之金	良	差	劣	可	優

日干壬癸（水）					
職業屬性 / 出生日	金	木	水	火	土
春月之水	差	優	劣	可	良
夏月之水	良	劣	優	差	可
秋月之水	優	可	差	良	劣
冬月之水	差	良	劣	優	可

三

丙申年風水運用大全

丙申年九宮飛星大解析

九宮飛星的理論認為，代表不同意義的「九星」每年會落在九個不同的方位上，而這九星依照固定的循環，每九年重複一次。又因為位置的轉換是以「年」為單位，因此又被稱作「流年方位」。這九星各自代表不同的意義，主宰人們一年的運勢，對於各方面產生影響。（關於九宮飛星圖的詳細解說與運用方式，可參考《謝沅瑾財運風水教科書》）

●以下簡介九星的種類與意義：

一白、貪狼星，主桃花文職：

易遇桃花感情之姻緣情事，同時亦加強官運與財運。

二黑、巨門星，主身心病痛：

外在病痛不斷，內在煩憂頻起，內外交攻永無寧日。

三碧、祿存星，主官非鬥爭：

易遭官非訴訟纏身不休，或遇致使殘廢之病痛意外。

四綠、文昌星，主讀書考試：

加強讀書效果，頭腦判斷能力，強化考運與升職運。

五黃、廉貞星，主災病凶煞：

宜靜不宜動，貿然動土喪葬者必遭凶煞，非死即傷。

六白、武曲星，主軍警官運：

使軍警職易獲拔擢，升遷快速順暢，最終威權震世。

七赤、破軍星，主盜賊破財：

居家出外易遭盜賊，身邊亦有小人環伺，災禍不斷。

八白、左輔星，主富貴功名：

富貴功名源源不絕，能化凶神為吉星，發財又添丁。

九紫、右弼星，主福祿喜事：

能趕煞催貴，遇之必有喜事臨門，有情人終成眷屬。

九星涵蓋了各種福祿壽喜、生老病死之事，也因此每一星的位置好壞與運用都是不能輕忽之事，如果能夠了解每一年的流年方位，並加以妥善運用，對於個人的運勢將會有很不錯的提升。

⊙ 二〇一六丙申年九宮飛星圖

東南	南	西南
一白水	六白金	八白土
東 九紫火	二黑土	四綠木 西
五黃土	七赤金	三碧木
東北	北	西北

丙申年方位運用及運勢提升之道

●流年財位與招財法

九宮飛星所代表的財位，因為每年不同，又叫做流年財位。在九宮飛星中代表財運的星有「一白、六白、八白」，也分別代表了「文官官運財運」、「武官官運財運」以及「整體財運」。經過正確運用，能催動家中真財位，強化財運。

不同職業與不同發展方向的人，要催的財位就不同。像是公務人員希望能夠加薪升官，就要催動「一白」星。若是軍

東南		南		西南
	一白水	六白金	八白土	
東				西
東北		北		西北

警保全等，想要能有更好的晉升管道，那就要催動「六白」星。而如果是上班族、經商者，或者是不管是哪一種人，就可以使用「八白」星來催動整體財運。

⊙一白財位

二〇一六年的文星（文曲星）也就是**一白星的位置在東南方**，從事文職工作的人，可以在這個位置上放文昌筆，點旺文昌，讓思緒更加文思泉湧，靈感源源不絕。另外，在事業工作上面如果想要有所突破，增加人緣，也可以在這個位置上擺放粉水晶。從事文職內勤工作的人，如果房子的這個方位剛好有開窗的話，在事業工作上加分就會特別多。

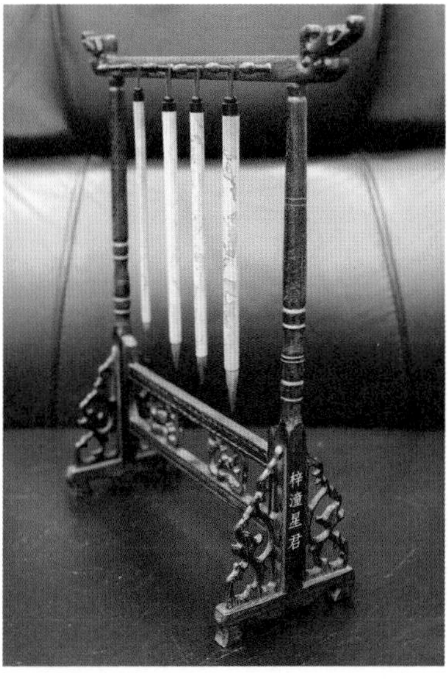

從事文職工作的人，可以在一白財位放文昌筆，催旺文昌運。

⊙六白財位

六白星也就是武曲的位置，主要針對跑外勤，甚至軍人、警察，軍警職這類工作的人，**二〇一六年的六白位在正南方**，如果想在今年爭取晉升、升遷、遠調的機會，建議可以在這個位置上擺放馬匹飾品，最好是前面兩隻腳抬起的馬，頭朝外擺放，民俗上代表驛馬星動，表示比較有升遷或遠調的機會。馬的材質建議使用金屬，其次為原木，第三是玻璃材質。但如果工作已經很穩定者，建議馬匹擺放方向相反，頭朝內，樣子為四隻腳著地，所以如果馬背放錢，代表「馬上有錢」，意味著財運上有提升。馬背上放猴子，代表「馬上封侯」。

⊙八白財位

八白星也就是左輔星的位置，今年來到西南方，不僅是上班、公職或經商，即使只是擺個攤位，都可以運用這個位置來催旺財運。另外，在寺廟中求到的發財金，也可以擺放這個位置上，加分比較多。但要特別注意的是，西南方為五鬼方，五鬼帶財，但也犯小人，因此雖然對於財運會有不錯的加分，但也要小心提防誤信小人讒言，也可能帶來損失。

●流年桃花位與招桃法

對於桃花位的應用，大多數的人都存有誤解，以為招桃花僅針對男女間的感情。其實「桃花」可以區分為「姻緣桃花」與「人緣桃花」。「姻緣桃花」就是我們一般所認識的、針對男女感情的桃花，如果能招到好的姻緣桃花，就能夠找到好對象，也比較有機會獲得好的姻緣。

另一種是「人緣桃花」，這種桃花代表的是個人與他人之間的交情、友誼。有好的「人緣桃花」，對於人際關係的促進有很大的幫助。對應到日常生活中，如果從事需要密切與人來往的職業，像是業務員、房仲業者、商店販售的店員等，如果能夠適當的增強自己的人緣桃花，對於業績也會有很大的幫助。

在九宮飛星圖中掌管桃花的有一白。根據九宮飛星圖的流年方位，**今年一白星落在東南方，因此今年的流年桃花位就在東南方**。如果未婚者希望有好對象，可以在這個位置上放置粉水晶或裝水的容器裡放入粉晶，有助於提升運勢。如果是已婚者希望能讓自己有好人緣，可以擺設紫水晶，會幫助促進人際關係，也會增強判斷力。

另外，九宮飛星中的九紫星，一般認為是能招來喜事、催動姻緣。**今年的九紫星位在正東方**，可以在這個方位上擺放在月老廟求得的紅線，可以為感情加分。

⊙桃花位的維護

在桃花位擺放招桃花的物品來催動桃花之後，並不表示就可以安心的不去管它。平時也要特別注意桃花位的維護。

如果桃花位髒亂，或者用來擺垃圾桶，在感情上就會很容易遭小人破壞，導致感情破裂。

如果桃花位上擺放髒衣服或是雜物，代表感情容易有遇人不淑、所遇非人的狀況。因為桃花位上堆滿雜物，象徵著感情的狀況錯綜複雜。

如果桃花位完全的空曠或者過度清潔，也不太好，暗示著感情會一乾二淨，感情上容易有缺口經常沒有對象。桃花位如果沒有要加以運用，也最好是保持整齊、清潔，給予適當的照明，才能避免招來爛桃花，並打壞自己的好人緣。

●流年文昌與催旺法

九宮飛星中掌管考運的文昌位是為四綠星。**今年的四綠星也就是文昌位於正西方**，對於學生、考公職的人都可以運用這個位置來催旺運勢。有打算考試或是家中有正在求學的小孩，可以在家中西北方的位置設置書桌，在文昌位上讀書，將有助於集中精神，提升考運。

另外催旺文昌最常見的方式是點燈，古人用油燈，現代可用檯燈或立燈來代替，在燈上綁上紅布條、紅線或紅繩，不僅對於家裡人的考運能加分，也代表開智慧。也可以運用文昌塔，民間認為文昌塔有貴子之意，就是小孩子考取功名、富貴的意思。但是塔型的高度，應該以奇數為主，一般最高是十三層，可使用五層、七層、九層，越高代表層級越好。在文昌位上也可擺放文房四寶，或者是懸掛文昌筆，以及貼上獨占鰲頭的鰲的圖像或魁星踢斗圖，對於讀書或者是頭腦判斷能力都會有提升。另外也可以擺放紫水晶，可以增強注意力與記憶力，幫助思路清晰，相對的就容易獲得好成績。

如果流年文昌位正好落在廁所的時候，對於判斷分析跟理解能力會有負面影響。建議在廁所內擺放土種黃金葛並且以燈照射以化解之。

正確的書桌擺設，也能幫助提升運氣。書桌或辦公桌最好的擺設方式為：桌面的左邊放置電腦與電話，桌面的右邊則放置文件與文具。這樣的擺放方式能營造出一種安心的氣氛，讓坐在書桌前的人能夠專心的讀書或辦公。

書桌上也可以放置紫水晶，形狀最好是圓形，可以加強思緒清晰。特別要注意的是，像美工刀、剪刀等利器，最好都封好收起來，以免利刃傷害了好機會以及好考運。

書桌擺設以左邊進出為宜，門口盡量在左前方，
較能安心讀書。

●流年災病方位與避除法

九宮飛星中有二個要特別注意的星宿，分別為二黑與五黃，是要特別注意防範的方位。

其中二黑代表了「巨門星」，主「身心病痛」，民俗上也代表病符的位置，**今年剛好落在中央**，因此在居家流年風水中，要特別注意的便是避免在這個方位睡覺，以防容易生病，如果房間在這方位者，在這年最好能換房睡覺，也建議在這個方位上擺放龜殼、葫蘆或者是千鶴圖，對於健康方面有加分的效果，不過，要記住千鶴圖千萬不能放上面有畫太陽的，因為那意味著日落西山、駕鶴西歸，要注意。

五黃則代表了「廉貞星」，**今年落在東北方**，主的是「災病凶煞」，是可能會帶來災難病痛的凶星，而且通常是指關於血光的部分，容易受傷、開刀或者有意外傷害。最忌諱的就是動土，因此在居家流年風水中，要特別注意的便是避免在這個方位動土，不管是裝潢、油漆、修改隔間……等，最好都能先避開**東北方**，並延到明年後再行施工，也要避免在此方位睡覺。

要注意的是，如果居家外面、對面跟東北方的方位，如果剛好有人動土，家中也會受到五黃煞氣的影響，一般來說，可以在面對動工的方位上，擺放龜殼來化解。

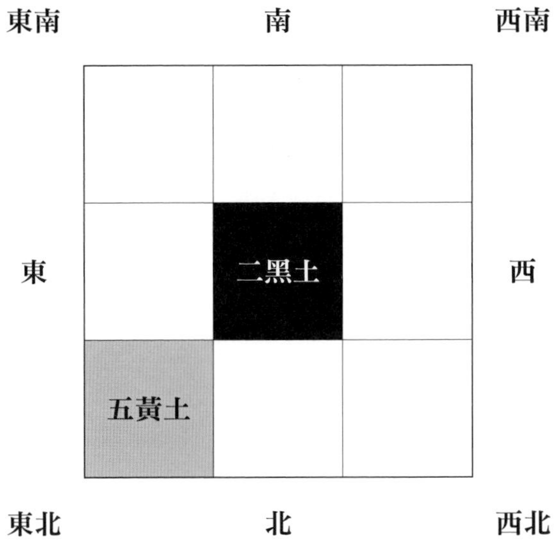

此外，位於**西北方的三碧木**，一般來說會帶來官非跟盜賊的影響，也盡量不在這個方位動土。位於**正北方的七赤金**，代表破軍星，是盜賊之星，通常在這個方位動工或裝潢，意味著容易遭小偷，也要盡量避免。

⊙ 二〇一六丙申年九宮方位應用圖

東南		南		西南
	招財運 招桃花	招財運	招財運	
東	招姻緣 桃花	勿睡此	招文昌	西
	勿動土	勿動土	勿動土	
東北		北		西北

●今年的太歲方

今年太歲方在申方（西南方），而今年歲破方則在太歲方對面的寅方（東北方）。

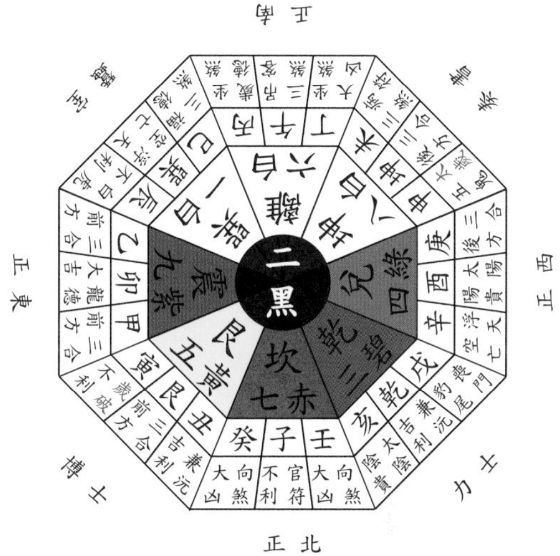

我們常聽人說的「太歲頭上動土」，代表一個人不知好歹，做了不該做的事，惹了不該惹的人，因此準備要倒大楣了。其由來便是民俗上認為每年的太歲星君，都會固定降臨在家中的某個方位（例如今年是申方），那個方位在今年中，便會成為太歲星君的「專屬方位」。因此如果在這個方位動土，就好像打擾到了太歲星君，可能會使得太歲星君不高興，住家運勢自然可能因而下降。另外要注意的是，歲破方也不能動土。

管仲大將軍是今年的太歲星君。

四

求子好孕 DIY

求子妙方大公開

懷孕生子，應該是多數已婚伴侶的下一步。但有時礙於現實壓力，或某些因素，並不是每個人的懷孕過程都是那麼的順利。無論是想要懷孕，或是已經懷孕的女性朋友們，究竟應該要注意什麼樣的問題呢？在這裡提供幾個民俗上的求子方法，透過祖先的古老智慧，幫助大家盡早實現願望。

●懷孕前求子

現代人生活壓力大，想要懷孕不是那麼容易，結婚多年都無法懷孕者，有越來越多的跡象，除了適當休息與放鬆心情，找醫生調養身體之外，民俗上也有一些方法可以強化求子運。

⊙床頭擺放銅製的麒麟

擺放麒麟的原因是因為古代中國素有「麒麟送子」的說法，麒麟為古代傳說中的神獸，整體造型威而不猛，能讓人安心。這個麒麟最好是身體中空的款式，所以還可以在麒麟的腹中擺放五色豆（綠豆、紅豆、黃豆、白豆、黑豆）。民俗上認為將麒麟擺放在床頭，特別注意麒麟的頭要朝床內，如此可以讓睡此床的夫妻盡快懷上小孩。而擺放五色豆的原因，是因為這五種豆子皆為種子，引伸為可讓想要懷孕的夫妻能盡快種「子」。

⊙配戴石榴石

不管在西方或東方文化中，石榴石都受到廣泛的應用，特別在生殖系統的改善方面，有一定的功效。將消磁過的石榴石串成手珠或是腰鍊配戴在腹部，透過石榴石的特殊能量與光波，可以活絡生殖系統，不僅對於受孕有一定的功效，平日女性若是有婦科的困擾，也都能幫助改善。

配戴前，請先將石榴石進行淨化。再將石榴石以透氣膠帶貼在肚臍底下兩指寬的地方。貼三至四個月或者直到懷孕時，就可以取下來，配戴在身上。配戴在腹部的手珠或者是腰鍊都一定要經過淨化，才能發揮大功效。若是在使用上不慎碰撞造成石榴石裂開，造成尖銳的狀態，就要替換新的石榴石，以免割傷。另外，黏貼的膠帶最好也要日日更換，以保衛生。

⊙在客廳擺放觀音送子像，或觀音送子圖

中國民俗上有「觀音送子」的傳說，因此擺放觀音送子像可以讓夫妻獲得保佑而順利懷孕生子。像是民間祭祀神祉傳說中，清朝人趙翼所著之《陔餘叢考》記載：「…許迴妻孫氏臨產，危苦萬狀，默禱觀世音，恍惚見白鷺婦抱一金色檔與之，遂生男。」另外也有書典記載媽祖之父母為求子，便祈求觀音

大士，而生林默娘之傳說。

從現代的角度來看，客廳擺放觀音送子像，能讓夫妻保持安心以及穩定的情緒，自然對於夫妻感情，以及懷孕生子之事有一定程度的助益。就如同心理醫師希望不孕夫妻能藉由出國度假來放鬆心情，以幫助容易懷孕的原理相似，只是作法不同而已。

不過要記得別把觀音送子像擺在臥室，因為臥室乃夫妻和合之場所，所以在此擺放觀音像，無心中可能會對神明產生不敬之意，另外，心情上也容易受到影響，因此要儘量避免。

●懷孕後安胎

民間習俗普遍認為，若家中有孕婦，則在整個懷孕到生產及產後的休養與復原期間，家中都要盡量避免動工或裝潢，而孕婦本身也要盡量避免從事剪裁、敲打、釘鑿與綑綁之事。

以醫學的觀點來看，孕婦在懷孕到生子期間，不論是身體或心理，都處於一個比較纖細、脆弱，以及敏感的狀態，因此若在此時，無論是家中施工，或是本身從事剪裁、敲打、釘鑿與綑綁之事，都有可能因為過於吵雜辛苦，產生驚嚇、心情不穩定，或是煩躁的心理，進而可能出現所謂「產前憂鬱症」或「產後憂鬱症」，而過於粗重的工作，或是過大的驚嚇，更有可能動了胎氣，影響胎兒與孕婦健康，甚至造成流產、早產等意外。

而若是在懷孕期間仍需要工作的職業婦女，除了盡量避免從事過於粗重的工作外，也要避免與他人爭執或鬥氣，在飲食或起居上則要盡量維持正常。

另外，一般喜歡放在家中或辦公室裡用來避小人的仙人掌，或者裝飾用的杜鵑或是老鷹圖案，已經懷孕的婦女都不適合擺放。因為民俗上認為仙人掌帶刺會傷人，不利孕婦與胎兒；而杜鵑則會「泣血」，對於孕婦與胎兒都具有不利的象徵意義；另外，老鷹因為嘴尖，會對孕婦及胎兒的眼睛不利。

以科學的觀點來看，仙人掌尖銳的外形，或是老鷹凶猛的外表與銳利的眼神，容易讓人感到不舒服，產生一定的心理壓力，而「杜鵑泣血」的故事萬一不小心經由他人口中說出，難免會使當事人心情受到影響，特別是心情正值不穩定期的孕婦更容易產生煩躁或害怕的想法，而若是真的不小心被刺到，所產生的驚嚇與痛楚，更對於懷孕的穩定與否有著不利的影響，都要盡可能避免。

懷孕生子是人生一大喜事，保持正常作息，維持愉快的身心狀態，再透過民俗的一些妙方，避開一些禁忌，相信能讓想要求子或者祈求順產的人，都能心想事成。

丙申年太歲星君安奉與太歲符

「太歲」又稱「歲星」，每個人出生年與太歲都有對應關係，根據沖犯原則，就有「正沖」跟「偏沖」的概念產生。「正沖」就是正對自己的生肖年，而「偏沖」是指相隔六年。不管是正沖或偏沖，都屬不吉，都必須在年初「安奉太歲」，以求平安。而到了年尾則須「謝太歲」，感謝太歲整年的保佑。

●太歲安奉法（年初安太歲）

安奉地點：可供奉在神桌上。

安奉時間：農曆正月初九、正月十五日，或選吉日安奉。

安奉供品：清茶、水果、香燭，另備壽金、太極金、天金。

安奉方法：

將太歲符安放在正確位置後，備好香案，點三支香，心中默唸：「弟子〇〇〇因本年沖犯太歲，請太歲星君到此鎮宅，保佑平安。」香燃過一半之後，即可燒化金紙，儀式完成。

●謝太歲法（年尾謝太歲）

謝太歲地點：太歲供奉處。

謝太歲時間：農曆十二月二十四日上午吉時。

謝太歲供品：清茶、水果、香燭，另備壽金、太極金、天金。

謝太歲方法：

在安奉太歲符前，備好香案，點三支香，心中默唸：「弟子〇〇〇，今備香花四果，感謝太歲星君一年的保佑。」之後取下太歲符，同金紙一同燒化即完成。

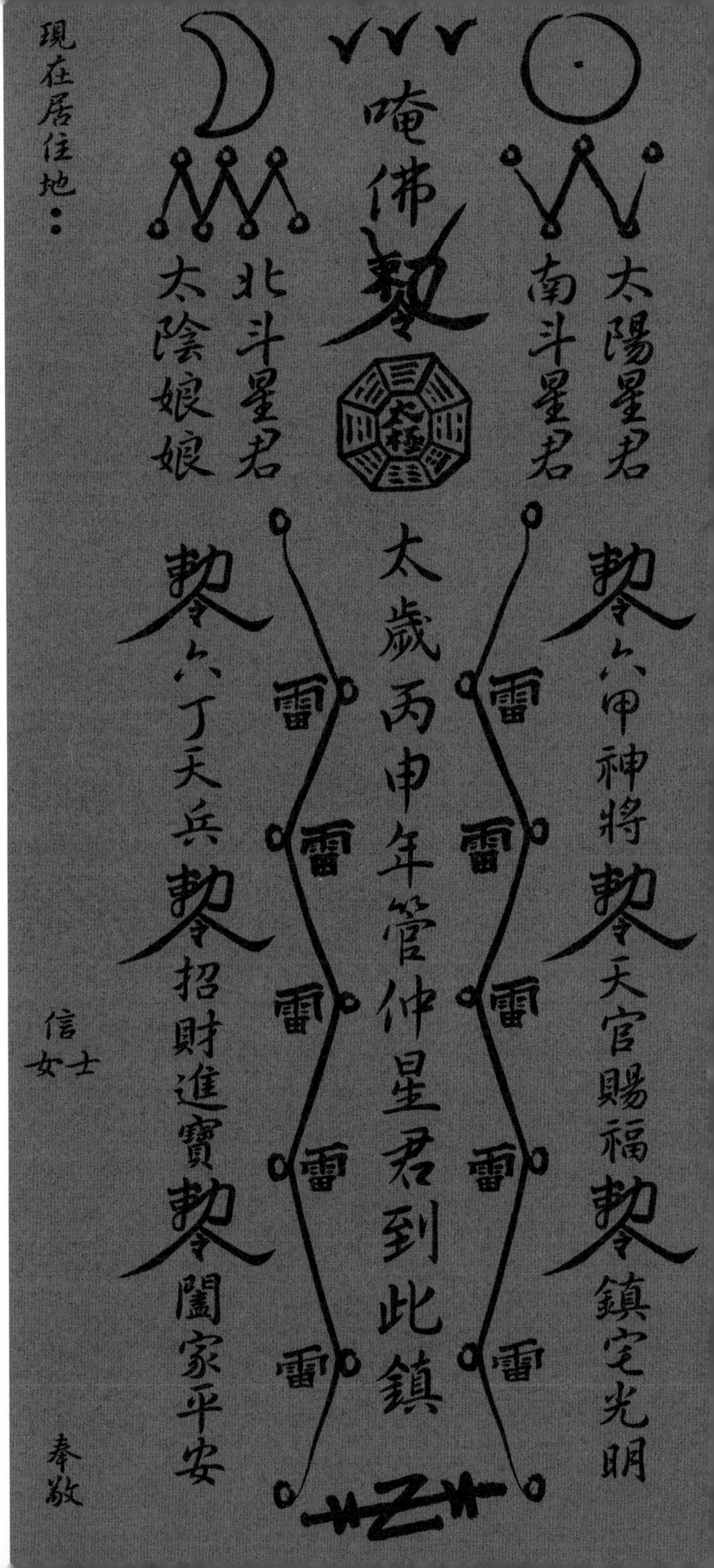

今年需安太歲者：

正沖——相猴人：一歲、十三歲、廿五歲、卅七歲、四九歲、六一歲、七三歲、八五歲

偏沖——相虎人：七歲、十九歲、卅一歲、四三歲、五五歲、六七歲、七九歲、九一歲

太歲稱號之差異

根據「六十甲子」的循環，太歲星君共有六十位。目前台灣各地所供奉的太歲星君，稱號都略有差異，但讀音都幾乎相近，因此有一說認為，這差異應是讀音與標記所引起。丙申年的太歲星君為「管仲星君」。

恭請

丙申太歲管仲大將軍

到府坐鎮

謹

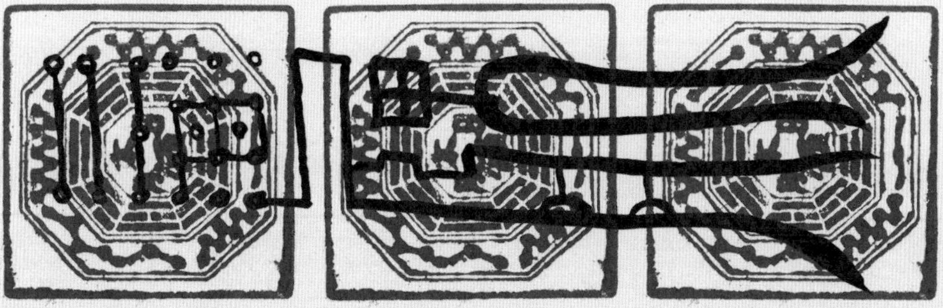

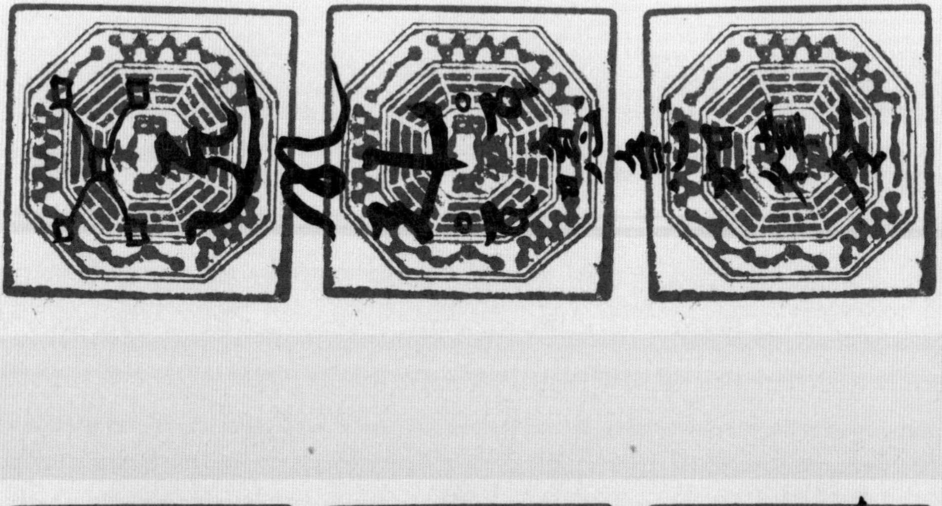

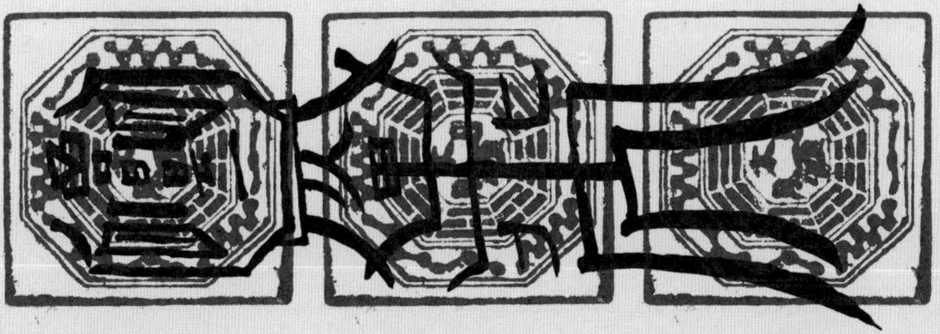

丙申年個人招財符

謝沅瑾
命理研究中心
瑾

丙申年居家招財符

謝沅瑾
命理研究中心
瑾

丙申年店面招財符

謝沅瑾
命理研究中心
瑾

個人、店面、居家招財符

●招財符使用說明

本次隨書附贈之「招財符三連發」（左頁，請讀者自行剪裁），分別為個人招財符、店面招財符與居家招財符。皆由謝沅瑾老師親自繪製開光，希望能帶給讀者一個好運滿滿的乙未年。

⊙使用方法

個人招財符收在皮夾裡，隨身攜帶。居家與店面招財符，則擺放在家裡或店裡的隱密處，一般來說，店面招財符可以擺放在收銀台或櫃台的收銀機、抽屜之中，居家招財符則可以擺放在家裡的財位上，可以更加催動財位。

此符有一整年之效力，使用前可以先拿到陽廟之主爐上過香火，更添效力。擺放或者攜帶一年之後，在農曆十二月廿四日送神日時，同金紙一起燒化即可。謝沅瑾老師在此還要提醒大家，平日若多行善積德，努力工作，則招財效果更佳！

個人招財符置於皮包內，居家店面招財符則置於財位隱密處。

丙申年財喜貴煞方位表

二〇一七國曆二月	正月	支干	財神	喜門	貴門	文昌	正財	偏財	煞方
16	二十	甲戌	東南	東北	東北	東南	東北	中央	正北
17	廿一	乙亥	東南	西北	西南	正南	正東	中央	正西
18	廿二	丙子	正西	西南	正西	西南	東南	正西	正南
19	廿三	丁丑	正西	正南	西北	正西	正南	正西	正東
20	廿四	戊寅	正北	東南	東北	西南	東南	正北	正北
21	廿五	己卯	正北	東北	西南	正西	正南	正北	正西
22	廿六	庚辰	正東	西北	東北	西北	西南	正東	正南
23	廿七	辛巳	正東	西南	東北	正北	西南	正東	正東
24	廿八	壬午	正南	正南	正東	東北	西北	正南	正北
25	廿九	癸未	正南	東南	正東	正東	正北	正南	正西
26	二月	甲申	東南	東北	西南	東南	東北	中央	正南
27	初二	乙酉	東南	西北	西南	正南	正東	中央	正東
28	初三	丙戌	正西	西南	正西	西南	東南	正西	正北

二〇一六
丙申年

二〇一六
丙申年

謝沅瑾 二〇一六 丙申年
猴年生肖運勢大解析

想知道自己姓名與風水的問題嗎？現在只要您完整填寫讀者回函內容，並於2016/01/31前（以郵戳為憑），寄回時報文化，就有機會獲得**謝沅瑾老師面對面為您親自批算姓名鑑定與風水**等相關問題的機會喔！
10位幸運的讀者名單，我們將會於2016/02/15前在「**時報出版風格線**」、「**謝沅瑾命理／民俗文化研究中心**」公布。

＊您最希望謝沅瑾老師為您解答關於姓名鑑定與風水的問題是什麼？

____

____

＊您最喜歡本書的章節與原因？

____

____

＊請問您在何處購買本書籍？
□誠品書店　□金石堂書店　□博客來網路書店　□量販店
□一般傳統書店　□其他網路書店　□其他

＊請問您購買本書籍的原因？
□喜歡主題　□喜歡封面　□價格優惠　□喜歡購書禮
□喜愛作者　□工作需要　□實用　□其他

＊您從何處知道本書籍？
□一般書店：__________□網路書店：__________□量販店：________
□報紙：______________□廣播：______________□電視：__________
□網路媒體活動：______□朋友推薦　□其他

【讀者資料】
姓名：__________________□先生 □小姐　生辰八字：______________
年齡：__________________職業：__________________
聯絡電話：（H）__________________（M）__________________
地址：□□□____
E-mail：____
（請務必完整填寫、字跡工整，以便流年批算及回覆）

注意事項：
★本問卷將正本寄回不得影印使用。
★本公司保有活動辦法之權利，並有權選擇最終得獎者。
★若有其他疑問，請洽客服專線：02-23066600#8219

謝沅瑾 猴年生肖運勢大解析

史上最精準的開運工具書！
謝老師親自計算農民曆、批算流年流月，
一書在手，開運招財保平安，好命好運好風水！

※ 請對摺後直接投入郵筒，請不要使用釘書機。

廣	告	回	信
台北郵局登記證			
台	北	廣	字

第 2218 號

時報文化出版股份有限公司

108 台北市萬華區和平西路三段 240 號 7 樓

第三編輯部 收

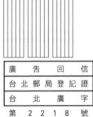

風水

讓富人累積財富
讓窮人改變命運

瑾

玩藝 0019

謝沅瑾猴年生肖運勢大解析：

史上最精準的開運工具書！
謝老師親自計算農民曆、批算流年流月，一書在手，開運招財保平安，好命好運好風水！

作　　者── 謝沅瑾
書籍製作── 謝沅瑾命理研究中心 瑾
服裝造型── 劉培華整體造型設計工作室
攝　　影── 高政全
責任編輯── 林巧涵
執行企劃── 汪婷婷
內頁設計
封面設計── 果實文化設計工作室
董 事 長
總 經 理── 趙政岷
總 編 輯── 周湘琦
出 版 者── 時報文化出版企業股份有限公司
10803 台北市和平西路三段二四〇號七樓
發行專線─（〇二）二三〇六─六八四二
讀者服務專線─ 〇八〇〇─二三一─七〇五
（〇二）二三〇四─七一〇三
讀者服務傳真─（〇二）二三〇四─六八五八
郵撥─一九三四四七二四時報文化出版公司
信箱─台北郵政七九～九九信箱
時報悅讀網─http://www.readingtimes.com.tw
時報出版風格線─https://www.facebook.com/bookstyle2014
電子郵件信箱─books@readingtimes.com.tw
法律顧問─ 理律法律事務所　陳長文律師、李念祖律師
印　　刷─ 詠豐印刷有限公司
初版一刷─ 二〇一五年九月二十五日
初版四刷─ 二〇一六年二月二日
定　　價─ 新台幣 三八〇元

行政院新聞局局版北市業字第八〇號
版權所有 翻印必究（缺頁或破損的書，請寄回更換）

ISBN 978-957-13-6406-3
Printed in Taiwan

國家圖書館出版品預行編目 (CIP) 資料

謝沅瑾猴年生肖運勢大解析：史上最精準的開運工具書！謝老師親自計算農民曆、批算流年流月，一書在手，開運招財保平安，好命好運好風水！/ 謝沅瑾作 . -- 初版 . -- 臺北市 : 時報文化 , 2015.09　面；　公分 . -- (玩藝；19)　ISBN 978-957-13-6406-3(平裝)
1. 改運法　2. 命書
295.7　　104018063

五

謝沅瑾開運農民曆

如何看懂農民曆

「農民曆」是台灣民間流通最普及的曆書，過去人們依照農民曆的時序原則進行農事，也以農民曆中的「行事宜忌」、「每日吉凶」作為日常行事的準則。

農民曆的由來已久，早期為了配合農業社會的行事，中國歷代都會由官方根據觀測天文運行的結果，統一頒訂曆法，作為農事作息的主要依據，稱做「官曆」。而各朝的曆法編制有所不同，現今使用的陰曆最早可以追溯到夏朝時期，經過了不同朝代天文官員的修訂後，才成了現今我們所使用的陰曆。

民國之後頒行陽曆，現今台灣所行的曆法每年由中央氣象局統一頒布，由於民間仍然根據陰曆行事，所以中央氣象局所編的日曆資料表是採取新舊曆對照的方式。而現今流通的農民曆，也是陽曆與陰曆並立，是陰陽合曆的形式。

以配合農事而訂立的農民曆，到了今日由於機具與栽種技術的進步，作為農事依據的功能已不再那麼重要了。但是其中的每日吉凶、行事忌宜等傳統風水命理的內容，仍然是人們行事的重要依據。現今的農民曆經常結合了民俗、傳統知識與曆法，是每個家庭必備的生活小百科。

農民曆是古代制訂來讓農民在農耕時有所依循的曆法，所以稱之為農曆。漸漸演變到後來，又加上了傳統陰陽五行、天干地支、易經等等的思想，幾千年來已經成為人們日常行事的重要依據了。不過，也就因為融入了許多命理上的專業知識，讓現在的農民曆看起來十分的艱深難懂，因此要瞭解農民曆，就要先了解每個欄位代表的意義，接著就能輕鬆使用農民曆了。

◆農民曆「每日宜忌」各欄說明

西曆年份 國曆月份	國曆日期 星期 節日 佛神誕辰 吉凶神 附註	節氣
農曆月份　月令　月煞方	農曆日期 干支 五行 十二值位 宜忌	交節氣時間
占十二月節候豐稔歌	**宜忌事項** 節前：指逢節氣時，指節氣時間之前的宜忌 節後：指逢節氣時，指節氣時間之後的宜忌	節氣說明
每日胎神占方	每日胎神占方	
每日沖煞年齡	每日沖煞年齡	

◆農民曆「每日宜忌」實例

二〇一六年 國曆二月小	4 星期四 月德	立春
農曆一月　端月　煞北方	廿六 丙辰 土 滿平 宜	酉時　17點46分
立春最喜晴一日，元旦景雲光齊天 雨水連綿是豐年，農夫不用力耕田	宜　祭祀、祈福、出行、納采、問名、移徙、解除、修造動土、豎柱上樑、開市、立券、交易、納財、安葬	**斗指東北維為立春，時春氣始至，四時之卒始，故名立春也。** **節氣諺語：立春打雷，十處豬欄九處空。** 立春這天如果打雷，會六畜不安。相反的，雷不打春，今年一定好年冬。
每日胎神占方	廚灶栖外正東	
每日沖煞年齡	沖狗46歲煞南	

◆各欄位所代表的意義解釋

❖干支：

「**天干地支**」是自商朝開始即有的記年、記日方式，以「**十天干**」（甲乙丙丁戊己庚辛壬癸）與「**十二地支**」（子丑寅卯辰巳午未申酉戌亥）相配，每六十年為一個循環。

❖五行：

「**五行**」指「**金木水火土**」，傳統命理認為宇宙中的萬物都可以被區分為這五個屬性。農民曆中所表示的五行，背後代表的其實是較為複雜的「**納音六十甲子**」，各種天干地支的組合代表了各種屬性的「**五行**」，對論命者而言具有參考作用，但對一般人而言用途則不大。

❖十二植位：

代表的是十二個「**吉凶神**」（**一建**、**二除**、**三滿**、**四平**、**五定**、**六執**、**七破**、**八危**、**九成**、**十收**、**十一開**、**十二閉**），每日的值神不同，適合做跟不適合做的事情也不同。

❖用事批註宜忌：

這欄裡面，主要是根據**干支日**、**五行**、**十二值位**，再加上其他比較複雜的命理概念，歸納出來在這一天裡面可以做的事情跟不宜做的事情，整體標註出來，這是目前人們從事重要活動時最方便參照的資料，是最實用的欄位。

❖**胎神占方：**

指每日**胎神**所在的地方。在民間信仰中，**胎神**是掌管胎兒生長的神明。每日胎神所在的位置都不相同，原則上多在屋子裡外，孕婦活動的範圍內。民間認為每日胎神所在的地方，所有的人都不可冒犯，否則會影響胎兒的生長，嚴重時甚至會造成流產。

❖**沖煞生肖、年齡、方位：**

指每天會沖犯到的生肖、年齡與方位。被沖煞到的人最好不要出現在任何重要的場合，像是嫁娶、出殯等，不僅本身可能會遭到無妄之災，也可能讓正在進行的事情，沒有辦法順利舉行。「**煞方**」則指當日兇神所在的地方，不管今天要做什麼事，都要盡量避免往該方向活動，以免沾染不好的氣場，影響事情的順利進行。

❖**每日財喜方位：**

指每日**財神**跟**喜神**所在的方位，如果想要沾喜氣或是獲得財運，可以在每日出門時先往財喜方位走，比較容易獲得好運道。詳細用法請參照本書**擇日擇時**單元。

❖**每日吉凶時：**

這是指這一天裡面由**吉神**所掌管的時間。在傳統的命理觀念中，好日子裡也有**吉時**與**凶時**的區分，若希望事情能進行順利，除了挑選好日子，最好也要選在吉時來進行。

重要名詞解釋

農民曆自古以來就是人們用來參照**日常行事**、**斷定吉凶**的重要根據。農民曆的編著由來已久，加上後世不斷的增補，因此在**用事名詞**上面也出現許多不同的版本。

目前流傳下來的農民曆，主要都是根據舊時社會的環境與情況所寫，不管是哪一個版本，裡頭使用的部分名詞，與我們今日所慣用之用語大不相同（例如「經絡」代表「織布」、「鼓鑄」代表「冶煉金屬」）。大多數的人看不懂這些名詞所代表的事件，使用農民曆時就會遭遇困難。

為了讓讀者瞭解農民曆之用語，底下將根據**清朝**時期曾由朝廷統一列舉的「**通書六十事**」，進行每個用語的解說，並且根據性質加以分類，加上現代行事的附註，方便瞭解與使用。

◆本書對農民曆用語的篩選

農民曆上面所列舉的行事對古人而言，都是需要慎重處理，甚至在舉行前要進行儀式的事情。但就目前社會發展來看，有許多已經是**不合時宜**。因此底下雖然針對大部分的用語作解釋，但在本書的「用事宜忌」中，**將僅列舉在現代社會中仍須擇吉進行的重要事項，以方便讀者使用。**

❖祭祀類

祭祀：祭祀祖先（或好兄弟），或祭拜神明等儀式。這裡的祭祀指的是節日或例祭之外的祭祀活動，例如建醮、大船下水等等祭祀活動，或擺放制煞物品也可以選擇宜祭祀的日子。

祈福：祈求神明保佑平安或者許願還願的事宜。

求嗣：向神明祈求子嗣的祭拜儀式。

冠帶：這是指傳統上年輕男女的成年儀式。

❖政事類

上冊受封：接受皇帝的賞賜。

上表章：古代臣子將奏章上呈君主。

襲爵受封：中國古代是封建社會，早在西周時期就有爵位的分封，雖然之後各朝代的規制不同，但一般來說，爵位都是由長子繼承原有的爵位，而其他的孩子則分封為低三階的爵位。此處的襲爵受封，就是指嫡長子繼承爵位與其他子嗣受封爵位的受封儀式。

上官赴任：新官上任，就職典禮。

臨政親民：皇帝或官員聽取政事、下鄉視察。

❖日常行事類

會親友：探訪友人、親戚，或者聚會。

入學：拜師學藝、求取手藝。

進人口：收養子女或聘納員工等。

出行：指遠行、出國觀光及旅行等。

移徙：搬家，遷移住所。

出行：出行指遠行、出國觀光等。

遠迴：指長距離的往返，例如歸寧。

解除：進行解災厄、除穢的儀式，或者將制煞物品由懸掛擺放處取下。

安床：包括安新床與安舊床。

安新床：像是結婚或者新屋在入宅時，都要選擇時辰安置床鋪。

安舊床：是指可能因運勢不佳想改換方位，而重新安放床鋪的事宜。

沐浴：清洗身體，特指為重要事件而齋戒沐浴。例如主持重要儀式，或是跟隨神明遶境。

剃頭：初生嬰兒剃除胎毛，或削髮為尼。

整手足甲：初生嬰兒首次剪手足甲。

求醫療病：看醫生、治病，或者開刀。

療目：治療眼睛的疾病。

針刺：針灸之類的醫療行為。

乘船渡水：搭船過河、過江、遊湖等等。

安床：包括安新床與安舊床

❖ 婚姻類

結婚姻：議定婚事，兩家人締結婚姻之事。

納采問名：指受授聘金，俗稱完聘。

嫁娶：指舉行結婚迎親儀式的吉日。

裁衣：分為兩種，一為裁製新娘禮服，另一個是為病重的老人做壽衣。

❖ 建築類

築堤防：修建河堤邊的護欄或防水的堤防。

修造動土：房屋整修、內部裝潢等。

動土：指興建陽宅之第一次動工挖土（陰宅為「破土」）。

豎柱上樑：豎立柱子，安屋頂中樑。傳統上進行「上樑」儀式前，一定要選擇吉日吉時。

修倉庫：建築倉庫或儲藏室。

苫（唸「山」）**蓋：**以草編物品來覆蓋屋頂。

修置產室：修理或建築廠房、產室。

開渠穿井：開築下水道、水溝及開鑿水井等。

安碓（唸「對」）**磑**（唸「位」）**：**安裝舂物臼磨粉器。傳統上進行這項活動前要先舉行儀式。

補垣塞穴：補修牆壁或堵塞蟻穴及其他洞穴。

掃舍宇：打掃屋宅，指大型的大掃除。

修飾垣牆：裝修、粉刷、整理牆壁。

平治道塗：指鋪平道路等工程。

破屋壞垣：拆除舊屋圍牆之事。

掃舍宇：打掃屋宅，大型的大掃除。

❖工商類

鼓鑄：冶煉金屬以製錢幣或器物。

開市：公司行號商店開張或開幕，或指休完年假後首日營業或工廠開工等。

立券：訂立契約書等事。

交易：交易買賣等事。

納財：購置產業、進貨、收帳、五穀入倉等。

開倉庫：打開穀倉或囤貨的倉庫。在古代，倉庫不會隨便開啟，以免裡頭的貨物或穀物敗壞。

出貨財：出貨、送貨。

❖喪事類

破土：建墳墓、埋葬等（陽宅為「動土」）。

安葬：埋葬屍體，或撿骨後「進金」（將先人遺骨放入金斗甕）。

啟攢：指洗骨之事。撿死人的骨骸簡稱拾金。

❖農林漁牧類

伐木：砍伐樹木。古時候人們認為樹木有靈，因此在伐木前必須要舉行儀式，安撫樹靈，祭拜完畢之後才會進行。

栽種：栽種乃指種植樹木、種稻等農事。

牧養：牧養即畜牧牛馬等家畜。

捕捉：撲滅害蟲或生物。

畋（唸「田」）**獵**：打獵或捕捉野獸等工作。

取魚：結網撈魚，捕取魚類。

栽種：種植樹木、接枝、種稻等農事。

牧養：畜牧牛馬等家畜。

納畜：買入雞鴨、牛羊等來飼養。

經絡：織布、安裝織機或蠶桑之事。因為其中有安裝織機這個部分，後人也衍生為適合安裝各式機械設備的日子。

醞釀：指做醬菜、釀酒、做醋、醬油等等需要發酵的事物，由於發酵的狀況會影響事件的成敗，因此傳統上認為製作時，也要挑選吉日，以期順利釀造出好的成品。

正月開運三吉時——初一、開工、迎財神

◆丙申年初一開門吉時與祭拜

大年初一是一年的開始，傳統上認為大年初一能迎到的財氣、喜氣與貴氣都最強。所以初一起個大早往吉祥的方位走，將能為自己帶來無與倫比的財氣與貴氣。因此這一天開門的時間與出門的方位就顯得十分重要。以時間點來說，今年最佳開門時間為**丑時**（一點—三點）、**辰時**（七點—八點二十）、**巳時**（九點—十一點）、**午時**（十一點—十二點二十分）。可以根據平常作息或工作時間，挑選最適合的時辰來開門。

吉時一到，便可以開門，準備清茶、糖果、吉祥的水果像是橘子，以及飯、發糕與年糕等供品祭祖。米飯與糕類要插上紅色紙剪的春字，就是俗稱的「飯春花」。「春」和台語「剩」同音，象徵「年年有餘」。祭拜完後要燃放爆竹。

拜拜之後，可以出門往好的方位走，以迎接好的氣場。初一這天的喜神在**西北方**，貴

方為**西南方**。出門時先往這幾個好方位，走上五十到一百步，再往自己原本的目的地前進，民間認為這樣便能夠討得好采頭。另外，財神在**正東方**，想要求財者可以往這個方向走。今年的煞方在**正南**，盡量避免往這個方向走，以免受到不好氣場的影響。

傳統上也認為大年初一有如一天的早晨，是全新的開始，若能在年初一起得早（最遲不睡過中午），便象徵一整年都會很有活力精神。如果在大年初一的白天睡覺，就象徵在一年的開始精神萎靡、懶散、沒有活力。民俗上甚至認為這將導致種田的田會塌，養雞的會生不出雞蛋。因此，大年初一應該要盡量早起出門活動，無論是全家出外踏青遊玩，或是到附近親朋好友家拜年，到廟裡拜拜等，都能為自己跟家人求得一整年的好運與平安。

初一開工時，可在米飯跟糕類上插上象徵「年年有餘」的「飯春花」，討個好彩頭。

◆丙申年年初開工吉時與祭拜

初五又稱為「**隔開**」，意思就是新年的歡樂氣氛就到今天為止。新年期間放在家中神桌上的供品也都要撤收，自這天開始，一般民家就開始恢復正常的生活作息了。許多店家公司也都從這天開始上班做生意。不過並不是每一年的初五都是最好的**開市、開工日**。今年最佳的**開工、開市日期與時間**請參照下表。

店家或公司可以在門口準備各種牲禮、酒水、線香、紙錢，特別還需準備「**疏文**」。由於開工祭拜的對象是財神與行業的守護神，準備疏文是讓誠心的祈願可以完整傳達給神明，祭拜者將有機會獲得更為有力的保佑，在自己專長的行業中，創造更好的成績。所以在祭拜前也要搞懂行業**祖師爺**或**守護神**是誰，以免不小心拜錯了，既鬧笑話又難以受到保佑！

神農大帝是醫療業的守護神之一。

❖二〇一六年 丙申年年初開工開市吉時

日期	時辰	時間
正月初四	卯時	上午 五點至六點二十分
	辰時	上午 七點至八點二十分
	未時	下午 十三點至十四點二十分
正月初五	卯時	上午 五點至七點
	未時	下午 十三點至十四點二十分
	酉時	下午 十七點至十八點二十分
正月初八	卯時	上午 五點至六點二十分
	午時	上午 十一點至十二點二十分
	未時	下午 十三點至十五點

❖各行業守護神例

行業別	守護神明
醫療業	保生大帝、華陀、神農大帝
製藥業	神農大帝
屠宰業	玄天上帝
美髮業	孚佑帝君
航海業	天上聖母、水仙尊王
木匠業	巧聖仙師
泥水業	荷葉仙師
商賈業	福德正神、關聖帝君、財神
軍警業	關聖帝君
命理業	鬼谷子
戲曲業	西秦王爺、田都將軍
運輸業	中壇元帥
教職業	文昌帝君、魁星
特種業	豬八戒

◆丙申年初五迎財神吉時與祭拜

大年初五是傳統上「**迎財神**」的日子，在這天上午需要準備供品朝門口祭拜來**迎財神**，迎的則是「**五路財神**」，有兩種說法，比較常見的說法是「**東西南北中**」五路，分別是：

中路財神「玄壇真君——趙公明」

東路財神「進寶天尊——蕭升」

西路財神「納珍天尊——曹寶」

南路財神「招財使者——陳九公」

北路財神「利市仙官——姚少司」

拜「**五路財神**」的目的就是要收盡東南西北中「**五方之財**」。與「**五路財神**」類似的說法還有「**八路財神**」，**八路**指的就是一般常見的八個方位，不過民俗上對於八路財神究竟是哪幾位神明，並沒有明確的記載。

而「**文、武、義、富、偏**」五路財神的說法，除了上述的「**武財神——趙公明**」以外，還有：

忠貞事暴君的商朝忠臣「文財神——比干」

義薄雲天的三國武將「義財神——關公」

富可敵國的明朝富商「富財神——沈萬三」

生性好賭的漢朝名將「偏財神——韓信」

偏財神的「**偏**」，是指「**正財**」以外的財富，如兼職、自由業、買彩券、特種行業……等皆屬之。

迎財神：大年初五是傳統上迎財神的日子。

比干：文財神是忠勇事暴君的忠臣比干。

黃帝地母經看流年

黃帝地母經共有六十首，是傳統上用來預測一年整體運勢的經文。今年為丙申年，可以對照黃帝地母經裡的「丙申」這一首詩，來看今年的整體預測。

以今年的經文來看，詩曰：

「太歲丙申年，高下浪濤洪。
春夏遭淹凶，秋冬杳不通。
早禾難得割，晚稻枉施工。
燕宋好豆麥，秦淮麻米空。
天蟲相競走，蠶婦哭天公。
六畜多災患，人民卒暴終。」

卜曰：

「歲首逢丙申，桑田亦主迍。
分野須當看，節候助黎民。」

本年度的詩歌與卜詞，預言了今年看起來似乎不太平靜。尤其要特別留意洪澇之災。特別在春夏的時節會容易發生淹水的問題。今年的農作看來收成也不太好，會受到一些天災蟲害的影響，只有北方的豆麥收成比較樂觀一些，其他畜牧業也要注意瘟疫的問題。

以今天的角度來看，相同干支年的氣候都相同，似無科學根據，也不符合邏輯。另外預測的區域與台灣的氣候差異甚大，就台灣地區而言並不適用。儘管如此，從這些詩歌還是可以一窺過去人們的生活狀況，可視為一種十分有趣的民俗資料。

年度吉時

◆正月開工、開市吉日時

「正月初四癸亥日：卯時、辰時、未時
正月初五甲子日：卯時、未時、酉時
正月初八丁卯日：卯時、午時、未時」

◆天赦吉日

「正月十九戊寅日　三月二十戊寅日
四月初六甲午日　六月初八甲午日
八月廿三戊申日　十一月初十甲子日」

◆三伏天

「初伏天：六月十四庚子日
中伏天：六月廿四庚戌日
末伏天：七月十四庚午日」

◆社日

「春社日：二月初九戊戌日
秋社日：八月廿三戊申日」

丙申年大利方位表

◆大利東西，不利南方

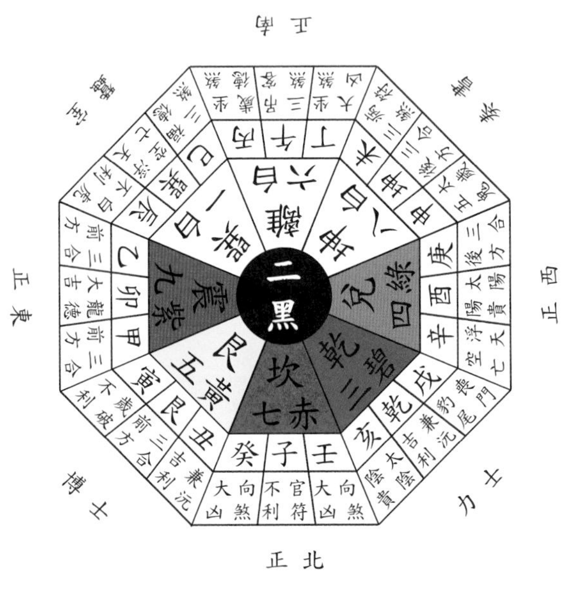

丙申年安神煞方與安神法

由於傳統信仰與中國人慎終追遠的關係，大部分的人家裡都會有神桌，用來祭拜祖先與神明。而神桌或神龕的裝置有許多的學問，如果沒有小心注意，任意擺放的話，嚴重的時候，有可能會導致家裡不平靜，甚至是家運衰敗。

安神位的日子挑選，要注意避開與「**家人生肖**」相沖的日子，可挑選農民曆上標明適合「**祭祀**」的日子來進行。

「安神位」是件大事，必須避開與家人生肖相沖的日子。

◆安神與流年煞方

「**安神位**」要特別注意「**流年煞方**」。如果準備安神位的位置正巧碰上該年的流年煞方，除了延後安神之外，可以先安「**浮爐**」來化解，也就是在香爐下墊上「**桌墊**」。

一般可以使用**金紙**，先抽掉綑綁金紙的物品，再將第一張**金箔**抽掉（或是福金的第一張全部抽起），再將其用**紅紙**包住，將其墊在香爐下面即可，另外也可以使用**盤子**。**今年為猴年，流年煞方為「南方」，所以這方位不宜安神或修造。**

◆安神的方法

若搬新家，或只是神桌在家中換位置而需要「**安神位**」，要先挑選適當的日子，將**神明**與**祖先**按順序自原本位置請出，神明（雕像或畫像）

要用雙手捧。如果要離開室內，祖先牌位要裝在「**謝籃**」裡，下鋪刈金，撐黑色洋傘。

到新位置安神之前，牆壁先用「**刈金**」清淨，方法是將刈金點火以後，在將要安神位置的牆壁上「**擦**」一遍，安神的順序與請出時一樣，先安神位，後安祖先牌位。

祖先牌位不可高過神像，也不能置於神爐前，因祖先牌位屬「**陰**」，宜低宜退。擺好神位再將燭台、薦盒、香爐等擺放上去。**神像的位置要比祖先牌位略後，但神明香爐與杯子的位置，則要比祖先的略前**。

安好之後，準備**五果**、**三牲**、**湯圓**、**發粿**、**清茶**、**鮮花**等拜拜。並準備**大壽金**、**壽金**、**刈金**、**土地公金**，香燃過後燒化。安好的神位不可以再隨便移動，若要清潔則必須等到每年農曆十二月二十四日「**送神**」後，才可以進行。

◆安神之後拜地基主

安神位當天的黃昏時，要拜「**地基主**」。一般多在廚房擺一張小桌子祭拜，如果空間不夠，也可以把流理台當供桌，如果連接著流理台上剛好有窗，則可以朝窗外拜。如果沒有窗戶，則朝後門，或是廚房後方祭拜即可。

拜拜的供品使用日常家裡的飯菜即可。一般可以準備六道菜碗、一鍋飯、三杯酒、兩副碗筷及紙錢。簡單一點的，可以用一個**有菜有肉**的便當，加上三杯酒、兩副碗筷跟紙錢就可以了。

◆神桌擺放的注意事項

○神桌應擺放在前方視野遼闊的地方，代表「**明**

安好神位的當天黃昏，要在廚房準備日常的飯菜拜地基主。

堂寬闊」，家運才會步步高升。神桌不可以朝屋後，否則會導致「**家運衰退**」。

○神桌的後方不能是樓梯或是電梯，因為向下的樓梯或電梯，都暗示「**家運衰退**」，特別是電梯上上下下，氣場混亂，影響更為嚴重。

○神桌後方與正上方不能是瓦斯爐或者廚房，因為若是瓦斯爐則暗示「**火燒神明**」，而廁所則形同將神明祖先置於穢物旁，特別是神桌後方就是馬桶時，這樣的情形都會導致「**家運衰退**」。

○如果神桌的後方是房間，夫妻或是**十二歲到六十五歲之間**的單身或已婚者，都要避免睡在這裡，以免影響夫妻感情，或不利姻緣。

○如果神桌樓上的位置作為臥室，床要小心避開神桌所在的地方，否則因為**壓住神明**的關係，對於睡在這裡的人，身體上會有不好的影響。

○神桌的上方不可以有橫樑通過，象徵挑著「**重擔**」，暗示一家人做事辛苦。另外這樣的狀況也容易導致家人有頭部方面的毛病。

○神桌上方要避免擺放不相干的物品，特別是**人形雕塑**或**玩具公仔**，因為神桌經常會受到**燒香膜拜**的關係，可能會有**不明的靈體**藉機進入這些人形物接受膜拜，會使家中出現**怪事**。

○神桌的前方及左右，包括神桌底下，都要避免堆放物品，神桌正上方的樓上空間則要避免設置櫃子或是床鋪之類的大型家具，因為神桌若是被雜物擋住、壓住，家運容易受到影響。

○神桌前面如果有安裝長形的日光燈，要特別注意一定要與神桌**平行懸掛**，如果燈管的方向與神桌垂直，就如同一枝利箭直接射向神明與祖先，形成「**弓箭煞**」，除了對家人運勢有不好的影響外，也直接暗示了容易有**意外血光**的情形發生。

○神桌的高度或與牆壁的距離，都要盡量合於「**魯班尺**」的吉字，如果場地有限制，至少高度需符合吉字。

○神桌的左右也要特別注意，虎邊不可以太迫近牆邊，所謂「**迫虎傷人**」，神桌太靠近虎邊對於主人來說會有不良影響。神桌安置要穩固不搖晃，避免碰撞或地震時造成東西摔落。

○民俗上認為「**龍怕臭，虎怕吵**」，因此神桌的左邊不能是廁所正沖，而右邊則不能擺放會發出聲音的家電，例如電視、音響、冰箱等。

二〇一六年 國曆正月大	1	2	3	4	5
	星期五	星期六	星期日	星期一	星期二
	月德 勿探病		刀砧日	刀砧日	
農曆十二月 臘月 煞東方	廿二	廿三	廿四	廿五	廿六
	壬午	癸未	甲申	乙酉	丙戌
	木	木	水	水	土
	破	危	成	收	開
	宜	★	宜	宜	宜
朔日西風六畜災，綿絲五穀德成堆 最喜大寒無雨雪，太平冬盡賀春來	**宜** 祭祀 **忌** 祈福、出行、納采、問名、嫁娶、移徙、安床、解除、修造動土、豎柱上樑、開市、立券、交易、納財、破土、安葬、啟攢	**忌** 祈福、出行、納采、問名、嫁娶、移徙、安床、解除、修造動土、豎柱上樑、開市、立券、交易、納財、破土、安葬、啟攢	**宜** 祭祀、祈福、出行、納采、問名、嫁娶、移徙、解除、豎柱上樑、開市、立券、交易、納財、安葬、入宅 **忌** 安床、修造動土、破土	**宜** 祭祀 **忌** 祈福、出行、納采、問名、嫁娶、移徙、安床、解除、修造動土、豎柱上樑、開市、立券、交易、納財、破土、安葬、啟攢	**宜** 祭祀、祈福、解除、修造動土、豎柱上樑 **忌** 出行、嫁娶、移徙、開市、立券、交易、納財
每日胎神占方	倉庫碓外西北	房床廁外西北	占門爐外西北	碓磨門外西北	廚灶棲外西北
每日沖煞年齡	沖鼠20歲煞北	沖牛19歲煞西	沖虎18歲煞南	沖兔17歲煞東	沖龍16歲煞北

6	小寒	7	8	9
星期三		星期四	星期五	星期六
				天德 月德
廿七	卯時 06點21分	廿八	廿九	三十
丁亥		戊子	己丑	庚寅
土		火	火	木
開閉		閉	建	除
宜		宜	★	宜
宜 祭祀、入宅 **忌** 祈福、出行、納采、問名、嫁娶、移徙、安床、解除、修造動土、豎柱上樑、開市、立券、交易、納財、破土、安葬、啟攢	**斗指戊為小寒，時天氣漸寒，尚未大冷，故名小寒。** **節氣諺語：小寒大冷，人馬安。** 小寒時天氣應寒冷，人畜才會平安。	**宜** 祭祀 **忌** 祈福、出行、納采、問名、嫁娶、移徙、安床、解除、修造動土、豎柱上樑、開市、立券、交易、納財、破土	**忌** 祈福、出行、納采、問名、嫁娶、移徙、解除、修造動土、豎柱上樑、開市、立券、交易、納財、破土、安葬、啟攢	**宜** 納采、問名、嫁娶、移徙、解除、修造動土、豎柱上樑、立券、交易、納財、破土、安葬、啟攢 **忌** 祭祀、出行
倉庫床外西北		房床碓外正北	占門廁外正北	碓磨爐外正北
沖蛇15歲煞西		沖馬14歲煞南	沖羊13歲煞東	沖猴12歲煞北

15	14	13	12	11	10
五期星	四期星	三期星	二期星	一期星	日期星
刀砧日	天德合 月德合				
初六	初五	初四	初三	初二	十二月 初一
丙申	乙未	甲午	癸巳	壬辰	辛卯
火	金	金	水	水	木
危	破	執	定	平	滿
宜	宜	宜	宜	★	宜
宜 祭祀、開市、納財、破土、安葬、入宅 **忌** 祈福、納采、問名、安床、解除、立券、交易	**宜** 祭祀、解除 **忌** 祈福、出行、納采、問名、嫁娶、移徙、安床、修造動土、豎柱上樑、開市、立券、交易、納財、破土、安葬、啟攢	**宜** 祭祀、入宅 **忌** 祈福、納采、問名、安床、解除、立券、交易	**宜** 納采、問名、修造動土、豎柱上樑、立券、交易、納財、入宅 **忌** 出行、嫁娶、解除、破土、安葬、啟攢	**諸事不宜**	**宜** 祭祀 **忌** 祈福、出行、納采、問名、嫁娶、移徙、安床、解除、修造動土、豎柱上樑、開市、立券、交易、納財、破土、安葬、啟攢
廚灶爐房內北	碓磨廁房內北	占門碓房內北	占房床房內北	倉庫栖外正北	廚灶門外正北
沖虎6歲煞南	沖牛7歲煞西	沖鼠8歲煞北	沖豬9歲煞東	沖狗10歲煞南	沖雞11歲煞西

大寒	20	19	18	17	16
	星期三	星期二	星期一	星期日	星期六
		天德 月德			刀砧日
子時 23點27分	十一	初十	初九	初八	初七
	辛丑	庚子	己亥	戊戌	丁酉
	土	土	木	木	火
	建	閉	開	收	成
	宜	宜	宜	宜	★
斗指癸為大寒，時大寒栗烈已極，故名大寒。 **節氣諺語：大寒不寒，春分不暖。** 大寒若天氣溫暖，表氣候不順，隔年春分仍會寒冷。	**宜** 祭祀、祈福、納采、問名、解除、豎柱上樑、納財 **忌** 出行、嫁娶、移徙、修造動土、破土	**宜** 祭祀、安葬、啟攢 **忌** 移徙、修造動土、破土	**宜** 祭祀 **忌** 祈福、出行、納采、問名、嫁娶、移徙、安床、解除、修造動土、豎柱上樑、開市、立券、交易、納財、破土、安葬、啟攢	**宜** 祭祀 **忌** 祈福、出行、納采、問名、嫁娶、移徙、安床、解除、修造動土、豎柱上樑、開市、立券、交易、納財、破土、安葬、啟攢	**日逢受死日，不宜諸吉事**
	廚灶廁房內南	占碓磨房內南	占門床房內南	房床栖房內南	倉庫門房內北
	沖羊1歲煞東	沖馬2歲煞南	沖蛇3歲煞西	沖龍4歲煞北	沖兔5歲煞東

26	25	24	23	22	21
二期星	一期星	日期星	六期星	五期星	四期星
		天德合 月德合			勿探病
十七	十六	十五	十四	十三	十二
未丁	午丙	巳乙	辰甲	卯癸	寅壬
水	水	火	火	金	金
破	執	定	平	滿	除
★	★	宜	★	宜	宜
諸事不宜	**忌** 祈福、出行、納采、問名、嫁娶、移徙、安床、解除、修造動土、豎柱上樑、開市、立券、交易、納財、破土、安葬、啟攢	**宜** 祭祀、祈福、納采、問名、嫁娶、移徙、解除、修造動土、豎柱上樑、立券、交易、納財、入宅 **忌** 出行	**諸事不宜**	**宜** 祭祀 **忌** 祈福、出行、納采、問名、嫁娶、移徙、安床、解除、修造動土、豎柱上樑、開市、立券、交易、納財、破土、安葬、啟攢	**宜** 入宅 **忌** 祭祀、出行
內廁倉 東房庫	內碓廚 東房灶	內床碓 東房磨	內栖門 東房雞	內門房 南房床	內爐倉 南房庫
煞55沖 西歲牛	煞56沖 北歲鼠	煞57沖 東歲豬	煞58沖 南歲狗	煞59沖 西歲雞	煞60沖 北歲猴

丙申年每日宜忌

27	28	29	30	31
星期三	星期四	星期五	星期六	星期日
刀砧日	刀砧日	天德 月德		
十八	十九	二十	廿一	廿二
戊申	己酉	庚戌	辛亥	壬子
土	土	金	金	木
危	成	收	開	閉
宜	★	宜	宜	宜
宜 祭祀、開市、立券、交易、納財 **忌** 祈福、納采、問名、安床、解除、立券、交易	**日逢受死日，不宜諸吉事**	**宜** 祭祀	**宜** 祭祀 **忌** 祈福、出行、納采、問名、嫁娶、移徙、安床、解除、修造動土、豎柱上樑、開市、立券、交易、納財、破土、安葬、啟攢	**宜** 祭祀 **忌** 祈福、出行、納采、問名、嫁娶、移徙、安床、解除、修造動土、豎柱上樑、開市、立券、交易、納財、破土、安葬
房床爐房內東	占大門外東北	碓磨栖外東北	廚灶床外東北	倉庫碓外東北
沖虎54歲煞南	沖兔53歲煞東	沖龍52歲煞北	沖蛇51歲煞西	沖馬50歲煞南

二〇一六年 國曆二月小	1	2	3	4	立春
	星期一	星期二	星期三	星期四	
		勿探病 送神日	天德合 月德合 勿探病 天神下降日	月德	
農曆一月 端月 煞北方	廿三	廿四	廿五	廿六	酉時 17點46分
	癸丑	甲寅	乙卯	丙辰	
	木	水	水	土	
	建	除	滿	滿平	
	★	宜	宜	宜	
立春最喜晴一日，元旦景雲光齊天 雨水連綿是豐年，農夫不用力耕田	**忌** 祭祀、祈福、出行、納采、問名、嫁娶、移徙、安床、解除、修造動土、豎柱上樑、開市、立券、交易、納財、破土、安葬、啟攢	**宜** 入宅 **忌** 祭祀、出行、納采、問名、嫁娶	**宜** 祭祀、祈福、出行、納采、問名、嫁娶、移徙、解除、豎柱上樑、開市、立券、交易、納財、安葬、啟攢 **忌** 修造動土、破土	**宜** 祭祀、祈福、出行、納采、問名、移徙、解除、修造動土、豎柱上樑、開市、立券、交易、納財、安葬	**斗指東北維為立春，時春氣始至，四時之卒始，故名立春也。** **節氣諺語：立春打雷，十處豬欄九處空。** 立春這天如果打雷，會六畜不安。相反的，雷不打春，今年一定好年冬。
每日胎神占方	房床廁外東北	占門爐外東北	碓磨門外正東	廚灶棲外正東	
每日沖煞年齡	沖羊49歲煞東	沖猴48歲煞北	沖雞47歲煞西	沖狗46歲煞南	

丙申年每日宜忌

10	9	8	7	6	5
三期星	**二期星**	**一期星**	**日期星**	**六期星**	**五期星**
天德合	月德合	春節	除夕		天德
初三	**初二**	**正月初一**	**廿九**	**廿八**	**廿七**
壬戌	辛酉	庚申	己未	戊午	丁巳
水	木	木	火	火	土
成	危	破	執	定	平
★	★	★	★	**宜**	**宜**
日逢受死日，不宜諸吉事	**諸事不宜**	**諸事不宜**	**忌** 納采、問名、嫁娶、開市、立券、交易、納財	**宜** 祭祀、祈福、出行、納采、問名、嫁娶、移徙、修造動土、豎柱上樑、開市、立券、交易、納財、入宅 **忌** 解除	**宜** 祭祀 **忌** 祈福、出行、解除
倉庫栖外東南	廚灶門外東南	碓磨爐外東南	占門廁外正東	房床碓外正東	倉庫床外正東
沖龍41歲煞北	沖兔42歲煞東	沖虎43歲煞南	沖牛43歲煞西	沖鼠44歲煞北	沖豬45歲煞東

11	12	13	14	15	16
星期四	星期五	星期六	星期日	星期一	星期二
刀砧日 孫真人聖誕	刀砧日	清水祖師聖誕	月德	天德	玉皇大帝聖誕
初四	**初五**	**初六**	**初七**	**初八**	**初九**
癸亥	甲子	乙丑	丙寅	丁卯	戊辰
水	金	金	火	火	木
收	開	閉	建	除	滿
宜	**宜**	★	**宜**	**宜**	**宜**
宜 祭祀 **忌** 嫁娶、破土、安葬、啟攢	**宜** 祭祀 **忌** 納采、問名、破土、安葬、啟攢	**諸事不宜**	**宜** 納采、問名、解除、豎柱上樑、立券、安葬、啟攢 **忌** 祭祀、出行、嫁娶、移徙、修造動土、破土	**宜** 祭祀、祈福、出行、納采、問名、嫁娶、移徙、解除、修造動土、豎柱上樑、立券、破土、安葬、啟攢	**宜** 祭祀、祈福 **忌** 納采、問名、嫁娶、開市、立券
占房床外東南	占門碓外東南	碓磨廁外東南	廚灶爐外正南	倉庫門外正南	房床栖外正南
沖蛇40歲煞西	沖馬39歲煞南	沖羊38歲煞東	沖猴37歲煞北	沖雞36歲煞西	沖狗35歲煞南

20	雨水	19	18	17
六期星		五期星	四期星	三期星
天德合 關聖帝君飛昇日		月德合	勿探病	
十三	未時 13點34分	十二	十一	初十
壬申		辛未	庚午	己巳
金		土	土	木
破		執	定	平
宜		宜	宜	★
宜 祭祀、解除 **忌** 祈福、出行、納采、問名、嫁娶、移徙、安床、修造動土、豎柱上樑、開市、立券、破土、安葬、啟攢	**斗指壬為雨水，時東風解凍，冰雪皆散而為水，化而為雨，故名雨水。** **節氣諺語：雨水，海水卡冷鬼。** 雨水時節雖已入春，但溫度仍低，海水摸起來還是非常冷冽。	**宜** 祭祀、入宅 **忌** 祈福、出行、納采、問名、嫁娶、移徙、安床、解除、修造動土、豎柱上樑、開市、立券、破土、安葬、啟攢	**宜** 入宅 **忌** 祭祀、祈福、出行、納采、問名、嫁娶、移徙、安床、修造動土、豎柱上樑、破土、安葬、啟攢	**忌** 祈福、出行、納采、問名、嫁娶、移徙、安床、解除、修造動土、豎柱上樑、開市、立券、破土、安葬、啟攢
倉庫爐外西南		廚灶廁外西南	占碓磨外正南	占門床外正南
沖虎31歲煞南		沖牛32歲煞西	沖鼠33歲煞北	沖豬34歲煞東

25	24	23	22	21
四期星	三期星	二期星	一期星	日期星
天德	月德 刀砧日	刀砧日	元宵節 天官聖誕	
十八	十七	十六	十五	十四
丁丑	丙子	乙亥	甲戌	癸酉
水	水	火	火	金
閉	開	收	成	危
宜	宜	宜	★	宜
宜 祭祀 **忌** 祈福、出行、納采、問名、嫁娶、移徙、安床、解除、修造動土、豎柱上樑、開市、立券、交易、納財、破土、安葬、啟攢	**宜** 祭祀、祈福、出行、納采、問名、嫁娶、移徙、解除、修造動土、豎柱上樑、開市、納財	**宜** 祭祀、祈福、出行、納采、問名、移徙、修造動土、豎柱上樑、開市、立券、入宅 **忌** 嫁娶	**日逢受死日，不宜諸吉事**	**宜** 祭祀、破土、安葬、入宅 **忌** 祈福、出行、納采、問名、嫁娶、移徙、安床、解除、修造動土、豎柱上樑、開市、立券
倉庫廁外正西	廚灶碓外西南	碓磨床外西南	門碓棲外西南	房床門外西南
沖羊26歲煞東	沖馬27歲煞南	沖蛇28歲煞西	沖龍29歲煞北	沖兔30歲煞東

丙申年每日宜忌

29	28	27	26
星期一	星期日	星期六	星期五
月德合		勿探病	天赦日
廿二	廿一	二十	十九
辛巳	庚辰	己卯	戊寅
金	金	土	土
平	滿	除	建
宜	宜	宜	宜
宜 祭祀 **忌** 祈福、出行、解除	**宜** 祭祀、祈福 **忌** 納采、問名、嫁娶、開市、立券、交易、納財	**宜** 出行、嫁娶、解除、立券、交易、入宅	**宜** 納采、問名、解除、豎柱上樑、立券、交易、納財、安葬 **忌** 祭祀、出行、嫁娶、移徙、修造動土、破土
廚灶床外正西	碓磨栖外正西	占大門外正西	房床爐外正西
沖豬22歲煞東	沖狗23歲煞南	沖雞24歲煞西	沖猴25歲煞北

二〇一六年 國曆三月大	1	2	3	4	5
	星期二	星期三	星期四	星期五	星期六
	天德合 勿探病				
農曆二月 花月 煞西方	廿三	廿四	廿五	廿六	廿七
	壬午	癸未	甲申	乙酉	丙戌
	木	木	水	水	土
	定	執	破	危	危成
	宜	★	宜	宜	宜
驚蟄聞雷米似泥，春分有雨病人稀 月中但得逢三卯，處處棉花豆麥宜	**宜** 祭祀、祈福、出行、納采、問名、嫁娶、移徙、解除、修造動土、豎柱上樑、開市、立券、交易、納財、破土、安葬、入宅	**忌** 開市、立券、交易、納財	**宜** 祭祀、解除 **忌** 祈福、出行、納采、問名、嫁娶、移徙、安床、修造動土、豎柱上樑、開市、立券、交易、納財、破土、安葬、啟攢	**宜** 祭祀、破土、安葬、入宅 **忌** 祈福、出行、納采、問名、嫁娶、移徙、安床、解除、修造動土、豎柱上樑、開市、立券、交易、納財	**宜** 祭祀
每日胎神占方	倉庫碓外西北	房床廁外西北	占門爐外西北	碓磨門外西北	廚灶栖外西北
每日沖煞年齡	沖鼠21歲煞北	沖牛20歲煞西	沖虎19歲煞南	沖兔18歲煞東	沖龍17歲煞北

驚蟄

午時 11點44分

斗指丁為驚蟄，雷鳴動，蟄蟲皆震起而出，故名驚蟄。

節氣諺語：未驚蟄打雷，會四十九日烏。

如果驚蟄之前就打雷，會連續下四十九天雨。

6	7	8	9	10
日期星	一期星	二期星	三期星	四期星
刀砧日	刀砧日	月德合		福德正神千秋
廿八	廿九	三十	二月初一	初二
丁亥	戊子	己丑	庚寅	辛卯
土	火	火	木	木
成	收	開	閉	建
宜	★	宜	宜	宜
宜 祭祀、祈福、出行、納采、問名、移徙、解除、修造動土、豎柱上樑、開市、立券、交易、納財、入宅 **忌** 嫁娶、破土、安葬、啟攢	**諸事不宜**	**宜** 祭祀、祈福、出行、納采、問名、嫁娶、移徙、解除、修造動土、豎柱上樑、開市、納財、入宅	**宜** 立券、交易、納財、破土、啟攢 **忌** 祭祀、祈福、出行、納采、問名、嫁娶、移徙、解除、修造動土、豎柱上樑、開市	**宜** 祭祀、出行、立券、交易 **忌** 祈福、納采、問名、嫁娶、解除、修造動土、豎柱上樑、破土、安葬、啟攢
倉庫床外西北	房床碓外正北	占門廁外正北	碓磨爐外正北	廚灶門外正北
沖蛇16歲煞西	沖馬15歲煞南	沖羊14歲煞東	沖猴13歲煞北	沖雞12歲煞西

16	15	14	13	12	11
三期星	二期星	一期星	日期星	六期星	五期星
			月德		文昌帝君聖誕
初八	初七	初六	初五	初四	初三
丁酉	丙申	乙未	甲午	癸巳	壬辰
火	火	金	金	水	水
破	執	定	平	滿	除
★	宜	宜	宜	宜	★
諸事不宜	**宜** 祭祀、入宅 **忌** 祈福、出行、納采、問名、嫁娶、移徙、安床、解除、修造動土、豎柱上樑、開市、立券、交易、納財、破土、安葬、啟攢	**宜** 祭祀、祈福、納財、入宅 **忌** 出行、納采、問名、嫁娶、移徙、安床、解除、修造動土、豎柱上樑、開市、立券、交易、破土、安葬、啟攢	**宜** 祭祀	**宜** 祭祀、祈福、開市、立券、交易、納財 **忌** 出行、納采、問名、嫁娶、移徙、修造動土、破土、安葬、啟攢	**日逢受死日，不宜諸吉事**
倉庫門房內北	廚灶爐房內北	碓磨廁房內北	占門碓房內北	占房床房內北	倉庫栖外正北
沖兔6歲煞東	沖虎7歲煞南	沖牛8歲煞西	沖鼠9歲煞北	沖豬10歲煞東	沖狗11歲煞南

春分

午時 12點30分

17	18	19	20
星期四	星期五	星期六	星期日
	月德合 刀砧日	刀砧日	
初九	初十	十一	十二
戊戌	己亥	庚子	辛丑
木	木	土	土
危	成	收	開
★	宜	★	宜
忌 祈福、出行、解除、修造動土、豎柱上樑	**宜** 祭祀、祈福、出行、納采、問名、移徙、解除、修造動土、豎柱上樑、開市、立券、交易、納財、入宅 **忌** 嫁娶	**諸事不宜**	**宜** 祭祀、祈福、出行、移徙、解除、修造動土、豎柱上樑、入宅 **忌** 開市、立券、交易、納財
房床栖房內南	占門床房內南	占碓磨房內南	廚灶廁房內南
沖龍5歲煞北	沖蛇4歲煞西	沖馬3歲煞南	沖羊2歲煞東

斗指壬為春分，日行周天，南北兩半球晝夜均分，又當春之半，故名。

節氣諺語：春分，日暝對分。

春分到，晝夜各半，平均為十二小時。

26	25	24	23	22	21
六期星	**五期星**	**四期星**	**三期星**	**二期星**	**一期星**
		開漳聖王千秋	月德 三山國王千秋		勿探病
十八	**十七**	**十六**	**十五**	**十四**	**十三**
丁未	丙午	乙巳	甲辰	癸卯	壬寅
水	水	火	火	金	金
定	平	滿	除	建	閉
宜	**宜**	**宜**	★	**宜**	**宜**
宜 祭祀、祈福、出行、移徙、修造動土、豎柱上樑、立券、交易、納財 **忌** 納采、問名、嫁娶、解除	**宜** 祭祀 **忌** 祈福、出行、納采、問名、嫁娶、移徙、安床、解除、修造動土、豎柱上樑、開市、立券、交易、納財、破土、安葬、啟攢	**宜** 祭祀、祈福、開市、立券、交易、納財 **忌** 出行、納采、問名、嫁娶、移徙、修造動土、破土、安葬、啟攢	**日逢受死日，不宜諸吉事**	**宜** 祭祀、出行、立券、交易 **忌** 祈福、納采、問名、嫁娶、解除、修造動土、豎柱上樑、破土、安葬、啟攢	**宜** 立券、交易、納財、破土、啟攢 **忌** 祭祀、祈福、出行、納采、問名、嫁娶、移徙、安床、解除、修造動土、豎柱上樑、開市
倉庫廁房內東	廚灶碓房內東	碓磨床房內東	門雞栖房內東	房床門房內南	倉庫爐房內南
沖牛56歲煞西	沖鼠57歲煞北	沖豬58歲煞東	沖狗59歲煞南	沖雞60歲煞西	沖猴1歲煞北

丙申年每日宜忌

31	30	29	28	27
四期星	三期星	二期星	一期星	日期星
刀砧日	刀砧日	普賢菩薩聖誕	月德合	觀世音菩薩聖誕
廿三	廿二	廿一	二十	十九
壬子	辛亥	庚戌	己酉	戊申
木	金	金	土	土
收	成	危	破	執
★	宜	★	★	★
諸事不宜	**宜** 出行、納采、問名、移徙、修造動土、豎柱上樑、開市、立券、交易、納財、入宅 **忌** 嫁娶、破土、安葬、啟攢	**忌** 祈福、出行、解除、修造動土、豎柱上樑	**諸事不宜**	**忌** 祈福、出行、納采、問名、嫁娶、移徙、安床、解除、修造動土、豎柱上樑、開市、立券、交易、納財、破土、安葬、啟攢
倉庫碓外東北	廚灶床外東北	碓磨栖外東北	占大門外東北	房床爐房內東
沖馬51歲煞南	沖蛇52歲煞西	沖龍53歲煞北	沖兔54歲煞東	沖虎55歲煞南

二〇一六年 國曆四月小	1	2	3	4	清明
	星期五	星期六	星期日	星期一	
		月德 勿探病	勿探病		
農曆三月 桐月 煞南方	廿四	廿五	廿六	廿七	申時 16點28分
	癸丑	甲寅	乙卯	丙辰	
	木	水	水	土	
	開	閉	建	建除	
	宜	宜	宜	宜	
風雨相逢初一頭，沿村瘟疫萬人憂 清明風若從南至，定是農家有大收	**宜** 祭祀、祈福、出行、移徙、解除、豎柱上樑、入宅 **忌** 納采、問名、嫁娶、修造動土、開市、立券、交易、納財、破土	**宜** 立券、交易、納財、破土、安葬、啟攢 **忌** 祭祀、祈福、納采、問名、嫁娶、移徙、解除	**宜** 祭祀、出行、立券、交易 **忌** 祈福、納采、問名、嫁娶、解除、修造動土、豎柱上樑、破土、安葬、啟攢	**宜** 祭祀 **忌** 祈福、出行、納采、問名、嫁娶、移徙、安床、解除、修造動土、豎柱上樑、開市、立券、交易、納財、破土、安葬、啟攢	**斗指丁為清明，時萬物潔顯而清明，時當氣清景明，故名。** **節氣諺語：清明芋，穀雨薑。** 清明時節是為適合種植芋頭、而接下來的穀雨則是可以種生薑的時候。
每日胎神占方	房床廁外東北	占門爐外東北	碓磨門外正東	廚灶棲外正東	
每日沖煞年齡	沖羊50歲煞東	沖猴49歲煞北	沖雞48歲煞西	沖狗47歲煞南	

丙申年每日宜忌

10	9	8	7	6	5
星期日	星期六	星期五	星期四	星期三	星期二
天德 月德					天德合 月德合
初四	初三	初二	三月初一	廿九	廿八
壬戌	辛酉	庚申	己未	戊午	丁巳
水	木	木	火	火	土
破	執	定	平	滿	除
宜	宜	宜	★	宜	宜
宜祭祀、解除 **忌**祈福、出行、納采、問名、嫁娶、移徙、安床、解除、修造動土、豎柱上樑、開市、立券、交易、納財、破土、安葬、啟攢	**宜**祭祀 **忌**祈福、出行、納采、問名、嫁娶、移徙、安床、解除、修造動土、豎柱上樑、開市、立券、交易、納財、破土、安葬、啟攢	**宜**祭祀 **忌**祈福、出行、納采、問名、嫁娶、移徙、安床、解除、修造動土、豎柱上樑、開市、立券、交易、納財、破土、安葬、啟攢	**諸事不宜**	**宜**祭祀 **忌**祈福、出行、納采、問名、嫁娶、移徙、安床、解除、修造動土、豎柱上樑、開市、立券、交易、納財、破土、安葬、啟攢	**宜**祭祀、祈福、納采、問名、嫁娶、移徙、解除、修造動土、豎柱上樑、開市、立券、交易、納財 **忌**出行
倉庫栖外東南	廚灶門外東南	碓磨爐外東南	占門廁外正東	房床碓外正東	倉庫床外正東
沖龍41歲煞北	沖兔42歲煞東	沖虎43歲煞南	沖牛44歲煞西	沖鼠45歲煞北	沖豬46歲煞東

16	15	14	13	12	11
六期星	五期星	四期星	三期星	二期星	一期星
	天德合 月德合			濟公活佛 成道日	刀砧日
初十	**初九**	**初八**	**初七**	**初六**	**初五**
戊辰	丁卯	丙寅	乙丑	甲子	癸亥
木	火	火	金	金	水
建	閉	開	收	成	危
★	**宜**	**宜**	**宜**	**宜**	★
諸事不宜	**宜** 祭祀	**宜** 出行、納采、問名、移徙、解除、修造動土、豎柱上樑、開市、立券、交易、納財、入宅 **忌** 祭祀、嫁娶	**宜** 祭祀、納財 **忌** 祈福、出行、納采、問名、嫁娶、移徙、安床、解除、修造動土、豎柱上樑、開市、立券、交易、破土、安葬、啟攢	**宜** 祭祀、祈福、出行、豎柱上樑、開市、立券、交易、納財 **忌** 納采、問名、嫁娶、移徙、修造動土、破土、安葬	**日逢受死日，不宜諸吉事**
房床栖外正南	倉庫門外正南	廚灶爐外正南	碓磨廁外東南	占門碓外東南	占房床外東南
沖狗35歲煞南	沖雞36歲煞西	沖猴37歲煞北	沖羊38歲煞東	沖馬39歲煞南	沖蛇40歲煞西

20	穀雨	19	18	17
三期星		二期星	一期星	日期星
天德 月德			勿探病	
十四	子時 23點29分	十三	十二	十一
壬申		辛未	庚午	己巳
金		土	土	木
定		平	滿	除
宜		★	宜	宜
宜 祭祀 **忌** 出行、納采、問名、嫁娶、移徙、安床	**斗指癸為穀雨，言雨生百穀也。時必雨下降，百穀滋長之意。** **節氣諺語：穀雨前三日無茶挽，穀雨後三日挽不及。** 這是指穀雨左右要開始摘採春茶、製春茶，這段期間茶農最為忙碌。	**諸事不宜**	**宜** 祭祀 **忌** 祈福、出行、納采、問名、嫁娶、移徙、安床、解除、修造動土、豎柱上樑、開市、立券、交易、納財、破土、安葬、啟攢	**宜** 入宅 **忌** 祭祀、祈福、出行、納采、問名、嫁娶、移徙、安床、修造動土、豎柱上樑、破土、安葬、啟攢
倉庫爐外西南		廚灶廁外西南	占碓磨外正南	占門床外正南
沖虎31歲煞南		沖牛32歲煞西	沖鼠33歲煞北	沖豬34歲煞東

25	24	23	22	21
星期一	星期日	星期六	星期五	星期四
天德合 月德合 太陽星君聖誕	刀砧日	刀砧日	準提菩薩聖誕	保生大帝聖誕
十九	十八	十七	十六	十五
丁丑	丙子	乙亥	甲戌	癸酉
水	水	火	火	金
收	成	危	破	執
宜	宜	★	宜	宜
宜 祭祀、祈福、出行、納采、問名、嫁娶、移徙、解除、修造動土、豎柱上樑、納財、安葬	**宜** 祭祀、祈福、出行、納采、問名、嫁娶、解除、修造動土、豎柱上樑、開市、立券、交易、納財、破土、啟攢 **忌** 移徙	**日逢受死日，不宜諸吉事**	**宜** 祭祀、解除 **忌** 祈福、出行、納采、問名、嫁娶、移徙、安床、修造動土、豎柱上樑、開市、立券、交易、納財、破土、安葬、啟攢	**宜** 祭祀、祈福、嫁娶、解除、安葬 **忌** 修造動土、開市、立券、交易、納財、破土
倉庫廁外正西	廚灶碓外西南	碓磨床外西南	門碓栖外西南	房床門外西南
沖羊26歲煞東	沖馬27歲煞南	沖蛇28歲煞西	沖龍29歲煞北	沖兔30歲煞東

丙申年每日宜忌

30	29	28	27	26
星期六	星期五	星期四	星期三	星期二
天德 月德 勿探病	天上聖母 聖誕		勿探病	天赦日 註生娘娘 千秋
廿四	廿三	廿二	廿一	二十
壬午	辛巳	庚辰	己卯	戊寅
木	金	金	土	土
滿	除	建	閉	開
宜	★	★	★	宜
宜 祭祀、祈福、出行、納采、問名、嫁娶、移徙、解除、豎柱上樑、開市、立券、交易、納財、安葬 **忌** 修造動土、破土	**忌** 祈福、出行、納采、問名、嫁娶、移徙、安床、修造動土、豎柱上樑、破土、安葬、啟攢	**諸事不宜**	**忌** 祈福、出行、納采、問名、嫁娶、移徙、安床、解除、修造動土、豎柱上樑、開市、立券、交易、納財、破土、安葬、啟攢	**宜** 出行、納采、問名、嫁娶、移徙、解除、修造動土、豎柱上樑、開市、立券、交易、入宅 **忌** 祭祀
倉庫碓外西北	廚灶床外正西	碓磨栖外正西	占大門外正西	房床爐外正西
沖鼠21歲煞北	沖豬22歲煞東	沖狗23歲煞南	沖雞24歲煞西	沖猴25歲煞北

二〇一六年 國曆五月大	1	2	3	4	5
	星期日	星期一	星期二	星期三	星期四
		鬼谷先師千秋		東嶽大帝聖誕	
農曆四月 梅月 煞東方 立夏東風少病痾，晴逢初八果生多 雷鳴甲子庚辰日，定主蝗蟲侵損禾	廿五	廿六	廿七	廿八	廿九
	癸未	甲申	乙酉	丙戌	丁亥
	木	水	水	土	土
	平	定	執	破	破危
	★	★	宜	宜	★
	諸事不宜	**忌** 祈福、出行、納采、問名、嫁娶、移徙、安床、解除、修造動土、豎柱上樑、開市、立券、交易、納財、破土、安葬、啟攢	**宜** 祭祀、祈福、出行、納采、問名、嫁娶、移徙、解除、豎柱上樑、開市、立券、交易、納財、安葬、入宅 **忌** 修造動土、破土	**宜** 祭祀、解除 **忌** 祈福、出行、納采、問名、嫁娶、移徙、安床、修造動土、豎柱上樑、開市、立券、交易、納財、破土、安葬、啟攢	**忌** 祈福、出行、納采、問名、嫁娶、移徙、安床、修造動土、豎柱上樑、開市、立券、交易、納財、破土、安葬、啟攢
每日胎神占方	房床廁外西北	占門爐外西北	碓磨門外西北	廚灶栖外西北	倉庫床外西北
每日沖煞年齡	沖牛20歲煞西	沖虎19歲煞南	沖兔18歲煞東	沖龍17歲煞北	沖蛇16歲煞西

立夏

巳時 09點42分

斗指東南維為立夏，萬物至此皆已長大，故名立夏。

節氣諺語：立夏，補老父。

民俗上，立夏日要為年老的父親進補。

6	7	8	9	10
五期星	六期星	日期星	一期星	二期星
		月德刀砧日	天德刀砧日	文殊菩薩聖誕
三十	四月初一	初二	初三	初四
戊子	己丑	庚寅	辛卯	壬辰
火	火	木	木	水
危	成	收	開	閉
宜	宜	宜	宜	★
宜 祭祀、入宅 **忌** 祭祀、祈福、出行、納采、問名、嫁娶、移徙、安床、解除、修造動土、豎柱上樑、開市、立券、交易、納財、破土、安葬、啟攢	**宜** 祭祀、祈福、出行、納采、問名、解除、修造動土、豎柱上樑、開市、立券、交易、納財 **忌** 嫁娶、移徙	**宜** 出行、納采、問名、嫁娶、移徙、解除、豎柱上樑、立券、交易、納財、安葬、啟攢 **忌** 祭祀、修造動土、破土	**宜** 祭祀、祈福、出行、納采、問名、嫁娶、移徙、解除、修造動土、豎柱上樑、開市、立券、交易、納財	**諸事不宜**
房床碓外正北	占門廁外正北	碓磨爐外正北	廚灶門外正北	倉庫栖外正北
沖馬15歲煞南	沖羊14歲煞東	沖猴13歲煞北	沖雞12歲煞西	沖狗11歲煞南

16	15	14	13	12	11
一期星	日期星	六期星	五期星	四期星	三期星
		天德合 佛誕日	月德合	天赦日	
初十	初九	初八	初七	初六	初五
戊戌	丁酉	丙申	乙未	甲午	癸巳
木	火	火	金	金	水
執	定	平	滿	除	建
宜	**宜**	**宜**	**宜**	**宜**	★
宜 祭祀、祈福、納采、問名、嫁娶、移徙、解除、修造動土、豎柱上樑、入宅 **忌** 出行、開市、立券、交易、納財	**宜** 出行、納采、問名、嫁娶、移徙、修造動土、豎柱上樑、開市、立券、交易、納財、破土、安葬、入宅 **忌** 解除	**宜** 祭祀、出行、納采、問名、嫁娶、移徙、修造動土、豎柱上樑、開市、立券、交易、納財	**宜** 祭祀 **忌** 出行、納采、問名、嫁娶、移徙	**宜** 祭祀、祈福、出行、納采、問名、嫁娶、移徙、解除、修造動土、豎柱上樑、破土、安葬、入宅	**日逢受死日，不宜諸吉事**
房床栖房內南	倉庫門房內北	廚灶爐房內北	碓磨廁房內北	占門碓房內北	占房床房內北
沖龍5歲煞北	沖兔6歲煞東	沖虎7歲煞南	沖牛8歲煞西	沖鼠9歲煞北	沖豬10歲煞東

小滿	20	19	18	17
	五期星	四期星	三期星	二期星
	刀砧日 勿探病 呂純陽祖師聖誕	天德	月德	
亥時 22點36分	十四	十三	十二	十一
	壬寅	辛丑	庚子	己亥
	金	土	土	木
	收	成	危	破
	★	宜	宜	宜
斗指甲為小滿，萬物長於此少得盈滿，麥至此方，小滿而未全熟，故名。 **節氣諺語：小滿櫃，芒種穗。** 水稻在小滿前後開始含苞，到芒種左右會吐穗開花。	**忌** 祭祀、祈福、出行、納采、問名、嫁娶、移徙、安床、解除、修造動土、豎柱上樑、開市、立券、交易、納財、破土、安葬、啟攢	**宜** 祭祀、祈福、出行、納采、問名、嫁娶、解除、修造動土、豎柱上樑、開市、立券、交易、納財、安葬 **忌** 移徙	**宜** 祭祀、祈福、出行、納采、問名、嫁娶、移徙、安床、解除、修造動土、豎柱上樑、破土、安葬、啟攢、入宅	**宜** 祭祀、解除 **忌** 祈福、出行、納采、問名、嫁娶、移徙、安床、修造動土、豎柱上樑、開市、立券、交易、納財、破土、安葬、啟攢
	倉庫爐房內南	廚灶廁房內南	占碓磨房內南	占門床房內南
	沖猴1歲煞北	沖羊2歲煞東	沖馬3歲煞南	沖蛇4歲煞西

21	22	23	24	25	26
六期星	日期星	一期星	二期星	三期星	四期星
刀砧日		月德合	天德合		
十五	十六	十七	十八	十九	二十
癸卯	甲辰	乙巳	丙午	丁未	戊申
金	火	火	水	水	土
開	閉	建	除	滿	平
宜	★	★	宜	宜	宜
宜 祭祀	**諸事不宜**	**日逢受死日，不宜諸吉事**	**宜** 祭祀、入宅 **忌** 祈福、出行、納采、問名、嫁娶、移徙、安床、解除、修造動土、豎柱上樑、開市、立券、交易、納財、破土、安葬、啟攢	**宜** 祭祀 **忌** 祈福、出行、納采、問名、嫁娶、移徙、安床、解除、修造動土、豎柱上樑、開市、立券、交易、納財、破土、安葬、啟攢	**宜** 祭祀 **忌** 祈福、安床
房床門內南	門雞栖內東	碓磨床內東	廚灶碓內東	倉庫廁內東	房床爐內東
沖雞60歲煞西	沖狗59歲煞南	沖豬58歲煞東	沖鼠57歲煞北	沖牛56歲煞西	沖虎55歲煞南

丙申年每日宜忌

27	28	29	30	31
星期五	星期六	星期日	星期一	星期二
李托塔天王聖誕	月德	天德		
廿一	廿二	廿三	廿四	廿五
己酉	庚戌	辛亥	壬子	癸丑
土	金	金	木	木
定	執	破	危	成
宜	宜	宜	★	宜
宜 祭祀、祈福、出行、納采、問名、嫁娶、移徙、豎柱上樑、開市、立券、交易、納財、安葬、入宅 **忌** 解除、修造動土、破土	**宜** 祭祀、祈福、納采、問名、嫁娶、移徙、解除、修造動土、豎柱上樑、安葬 **忌** 出行	**宜** 祭祀、解除 **忌** 祈福、出行、納采、問名、嫁娶、移徙、安床、解除、修造動土、豎柱上樑、開市、立券、交易、納財、破土、安葬、啟攢	**忌** 祈福、出行、納采、問名、嫁娶、移徙、安床、解除、修造動土、豎柱上樑、開市、立券、交易、納財、破土、安葬、啟攢	**宜** 出行、修造動土、豎柱上樑、開市、立券、交易、納財 **忌** 納采、問名、嫁娶、移徙
占大門外東北	碓磨棲外東北	廚灶床外東北	倉庫碓外東北	房床廁外東北
沖兔54歲煞東	沖龍53歲煞北	沖蛇52歲煞西	沖馬51歲煞南	沖羊50歲煞東

二〇一六年 國曆六月大	1	2	3	4	5
	星期三	星期四	星期五	星期六	星期日
	刀砧日 勿探病 神農大帝聖誕	月德合 刀砧日 勿探病 范五王爺千秋	天德合		
農曆五月 蒲月 煞北方	廿六	廿七	廿八	廿九	五月初一
	甲寅	乙卯	丙辰	丁巳	戊午
	水	水	土	土	火
	收	開	閉	建	建除
	★	宜	宜	★	★
端陽有雨是豐年，芒種聞雷美亦然 夏至風從西北起，瓜蔬園內受熬煎	**忌** 祭祀、祈福、出行、納采、問名、嫁娶、移徙、安床、解除、修造動土、豎柱上樑、開市、立券、交易、納財、破土、安葬、啟攢	**宜** 祭祀、祈福、出行、納采、問名、嫁娶、移徙、解除、修造動土、豎柱上樑、開市、立券、交易、納財	**宜** 祭祀 **忌** 祈福、出行、納采、問名、嫁娶、移徙、安床、解除、修造動土、豎柱上樑、開市、立券、交易、納財、破土、安葬、啟攢	**日逢受死日，不宜諸吉事**	**諸事不宜**
每日胎神占方	占門爐外東北	碓磨外正東	廚灶栖外正東	倉庫床外正東	房床碓外正東
每日沖煞年齡	沖猴49歲煞北	沖雞48歲煞西	沖狗47歲煞南	沖豬46歲煞東	沖鼠45歲煞北

芒種

未時 13點49分

斗指巳為芒種，此時可有種芒之穀，過此即失效，故名芒種。

節氣諺語：芒種蝶仔討無食。
指芒種前後，百花花期已過，蝴蝶無花粉可採。

6	7	8	9	10
一期星	二期星	三期星	四期星	五期星
		月德合	端午節	清水祖師成道日
初二	初三	初四	初五	初六
己未	庚申	辛酉	壬戌	癸亥
火	木	木	水	水
除	滿	平	定	執
宜	宜	宜	宜	宜
宜 祭祀、祈福、出行、移徙、解除、修造動土、豎柱上樑、立券、交易、納財、安葬、入宅 **忌** 納采、問名、嫁娶	**宜** 祭祀、祈福、出行、移徙、解除、開市、納財、破土、安葬、入宅 **忌** 納采、問名、嫁娶、安床、立券、交易	**宜** 祭祀 **忌** 出行	**宜** 祭祀、祈福、納采、問名、嫁娶、豎柱上樑、立券、交易、納財、入宅 **忌** 解除、修造動土、破土	**宜** 祭祀 **忌** 祈福、出行、納采、問名、嫁娶、移徙、安床、解除、修造動土、豎柱上樑、開市、立券、交易、納財、破土、安葬、啟攢
占門廁外正東	碓磨爐外東南	廚灶門外東南	倉庫栖外東南	占房床外東南
沖牛44歲煞西	沖虎43歲煞南	沖兔42歲煞東	沖龍41歲煞北	沖蛇40歲煞西

	11	12	13	14	15
	星期六	星期日	星期一	星期二	星期三
	巧聖先師聖誕		月德 刀砧日	刀砧日	天下都城隍千秋
	初七	初八	初九	初十	十一
	甲子	乙丑	丙寅	丁卯	戊辰
	金	金	火	火	木
	破	危	成	收	開
	★	宜	宜	宜	宜
	日逢受死日，不宜諸吉事	**宜** 祭祀 **忌** 祈福、出行、納采、問名、嫁娶、移徙、安床、解除、修造動土、豎柱上樑、開市、立券、交易、納財、破土、安葬、啟攢	**宜** 出行、納采、問名、嫁娶、解除、修造動土、豎柱上樑、開市、立券、交易、納財、破土、安葬、啟攢 **忌** 祭祀、移徙	**宜** 祭祀 **忌** 祈福、出行、納采、問名、嫁娶、移徙、安床、解除、修造動土、豎柱上樑、開市、立券、交易、納財、破土、安葬、啟攢	**宜** 祭祀、祈福、出行、納采、問名、移徙、解除、修造動土、豎柱上樑、入宅 **忌** 開市、立券、交易、納財
	占門碓外東南	碓磨廁外東南	廚灶爐外正南	倉庫門外正南	房床栖外正南
	沖馬39歲煞南	沖羊38歲煞東	沖猴37歲煞北	沖雞36歲煞西	沖狗35歲煞南

丙申年每日宜忌

20	19	18	17	16
一期星	日期星	六期星	五期星	四期星
		月德合	勿探病 霞海城隍 千秋	
十六	十五	十四	十三	十二
癸酉	壬申	辛未	庚午	己巳
金	金	土	土	木
平	滿	除	建	閉
★	宜	宜	★	宜
忌 祈福、出行、納采、問名、嫁娶、移徙、安床、解除、修造動土、豎柱上樑、開市、立券、交易、納財、破土、安葬、啟攢	**宜** 祭祀、祈福、出行、移徙、解除、開市、納財、破土、安葬、入宅 **忌** 納采、問名、安床、立券、交易	**宜** 祭祀、祈福、出行、納采、問名、嫁娶、移徙、解除、修造動土、豎柱上樑、立券、交易、納財、安葬、入宅	**諸事不宜**	**宜** 祭祀、納財 **忌** 祈福、出行、納采、問名、嫁娶、移徙、安床、解除、修造動土、豎柱上樑、開市、破土、安葬、啟攢
房床門外西南	倉庫爐外西南	廚灶廁外西南	占碓磨外正南	占門床外正南
沖兔30歲煞東	沖虎31歲煞南	沖牛32歲煞西	沖鼠33歲煞北	沖豬34歲煞東

21	夏至	22	23	24
星期二		星期三	星期四	星期五
蕭府王爺千秋		張天師聖誕	月德	
十七	卯時 06點34分	十八	十九	二十
甲戌		乙亥	丙子	丁丑
火		火	水	水
定		執	破	危
宜		**宜**	★	**宜**
宜 祭祀、祈福、納采、問名、嫁娶、修造動土、豎柱上樑、立券、交易、納財、入宅 **忌** 解除	**斗指乙為夏至，萬物於此皆長大而極至，時夏將至，故名。** **節氣諺語：夏至，風颱就出世。** 指夏至後，台灣就開始進入颱風季節。	**宜** 祭祀、入宅 **忌** 祈福、出行、納采、問名、嫁娶、移徙、安床、解除、修造動土、豎柱上樑、開市、立券、交易、納財、破土、安葬、啟攢	**日逢受死日，不宜諸吉事**	**宜** 祭祀 **忌** 祈福、出行、納采、問名、嫁娶、移徙、安床、解除、修造動土、豎柱上樑、開市、立券、交易、納財、破土、安葬、啟攢
門碓栖外西南		碓磨床外西南	廚灶碓外西南	倉庫廁外正西
沖龍29歲煞北		沖蛇28歲煞西	沖馬27歲煞南	沖羊26歲煞東

丙申年每日宜忌

30	29	28	27	26	25
星期四	星期三	星期二	星期一	星期日	星期六
	勿探病	月德合		刀砧日 勿探病	刀砧日
廿六	廿五	廿四	廿三	廿二	廿一
癸未	壬午	辛巳	庚辰	己卯	戊寅
木	木	金	金	土	土
除	建	閉	開	收	成
宜	★	宜	宜	宜	宜
宜 出行、嫁娶、解除、立券、交易、納財、安葬、入宅	**諸事不宜**	**宜** 祭祀 **忌** 祈福、出行、解除	**宜** 祭祀、祈福、出行、納采、問名、移徙、解除、修造動土、豎柱上樑、入宅 **忌** 開市、立券、交易、納財	**宜** 祭祀 **忌** 祈福、出行、納采、問名、嫁娶、移徙、安床、解除、修造動土、豎柱上樑、開市、立券、交易、納財、破土、安葬、啟攢	**宜** 出行、納采、問名、嫁娶、解除、修造動土、豎柱上樑、開市、立券、交易、納財 **忌** 祭祀、移徙
房床廁外西北	倉庫碓外西北	廚灶床外正西	碓磨栖外正西	占大門外正西	房床爐外正西
沖牛20歲煞西	沖鼠21歲煞北	沖豬22歲煞東	沖狗23歲煞南	沖雞24歲煞西	沖猴25歲煞北

二○一六年 國曆七月大	1	2	3	4	5
	星期五	星期六	星期日	星期一	星期二
			月德		
農曆六月 荔月 煞西方	廿七	廿八	廿九	六月初一	初二
	甲申	乙酉	丙戌	丁亥	戊子
	水	水	土	土	火
	滿	平	定	執	破
	宜	★	宜	宜	★
小暑之中逢酷熱，五穀田中多不結 大暑若不見災厄，定主三冬多雨雪	**宜** 祭祀、祈福、出行、嫁娶、移徙、解除、開市、納財、破土、安葬、入宅 **忌** 納采、問名、安床、立券、交易	**忌** 祈福、出行、納采、問名、嫁娶、移徙、安床、解除、修造動土、豎柱上樑、開市、立券、交易、納財、破土、安葬、啟攢	**宜** 祭祀、祈福、出行、納采、問名、嫁娶、移徙、解除、修造動土、豎柱上樑、立券、交易、納財、入宅	**宜** 祭祀 **忌** 祈福、出行、納采、問名、嫁娶、移徙、安床、解除、修造動土、豎柱上樑、開市、立券、交易、納財、破土、安葬、啟攢	**日逢受死日，不宜諸吉事**
每日胎神占方	占門爐外西北	碓磨門外西北	廚灶棲外西北	倉庫床外西北	房床碓外正北
每日沖煞年齡	沖虎19歲煞南	沖兔18歲煞東	沖龍17歲煞北	沖蛇16歲煞西	沖馬15歲煞南

6	7	小暑	8	9
星期三	星期四		星期五	星期六
韋陀尊者佛辰	刀砧日		刀砧日	
初三	初四	子時 00點03分	初五	初六
己丑	庚寅		辛卯	壬辰
火	木		木	水
危	危成		成	收
宜	宜		宜	宜
宜 祭祀 **忌** 祈福、出行、納采、問名、嫁娶、移徙、安床、解除、修造動土、豎柱上樑、開市、立券、交易、納財、破土、安葬、啟攢	**宜** 安床、開市、立券、交易、納財、破土、安葬、啟攢 **忌** 祭祀、祈福	**斗指辛為小暑，斯時天氣已熱，尚未達於極點，故名小暑。** **節氣諺語：小暑過，一日熱三分。** 指小暑過後，天氣會一天比一天熱。	**宜** 祭祀、祈福、出行、納采、問名、嫁娶、移徙、安床、解除、修造動土、豎柱上樑、開市、立券、交易、納財、破土、啟攢、入宅	**宜** 祭祀 **忌** 祈福、出行、納采、問名、嫁娶、移徙、安床、解除、修造動土、豎柱上樑、開市、立券、交易、安葬、啟攢
占門廁外正北	碓磨爐外正北		廚灶門外正北	倉庫棲外正北
沖羊14歲煞東	沖猴13歲煞北		沖雞12歲煞西	沖狗11歲煞南

10	11	12	13	14	15
星期日	星期一	星期二	星期三	星期四	星期五
	天德 月德 天赦日			田都元帥 千秋	
初七	初八	初九	初十	十一	十二
癸巳	甲午	乙未	丙申	丁酉	戊戌
水	金	金	火	火	木
開	閉	建	除	滿	平
宜	★	宜	宜	宜	★
宜 祭祀 **忌** 祈福、出行、納采、問名、嫁娶、移徙、安床、解除、修造動土、豎柱上樑、開市、立券、交易、納財、破土、安葬、啟攢	**日逢受死日，不宜諸吉事**	**宜** 祭祀、出行、嫁娶 **忌** 祈福、納采、問名、解除、修造動土、豎柱上樑、破土、安葬、啟攢	**宜** 祭祀、入宅 **忌** 出行、納采、問名、嫁娶、移徙、安床、修造動土、豎柱上樑、開市、立券、交易、納財	**宜** 祭祀 **忌** 祈福、出行、納采、問名、嫁娶、移徙、安床、解除、修造動土、豎柱上樑、開市、立券、交易、納財、破土、安葬、啟攢	**諸事不宜**
占房床房內北	占門碓房內北	碓磨廁房內北	廚灶爐房內北	倉庫門房內北	房床栖房內南
沖豬10歲煞東	沖鼠9歲煞北	沖牛8歲煞西	沖虎7歲煞南	沖兔6歲煞東	沖龍5歲煞北

丙申年每日宜忌

20	19	18	17	16
三期星	**二期星**	**一期星**	**日期星**	**六期星**
刀砧日	刀砧日 勿探病 先天王靈官聖誕		初伏	天德合 月德合
十七	**十六**	**十五**	**十四**	**十三**
癸卯	壬寅	辛丑	庚子	己亥
金	金	土	土	木
成	危	破	執	定
宜	**宜**	★	★	**宜**
宜 出行、納采、問名、嫁娶、移徙、修造動土、豎柱上樑、開市、立券、交易、納財、破土、安葬、啟攢、入宅	**宜** 安床、開市、立券、交易、納財、破土、啟攢、入宅 **忌** 祭祀、祈福、解除	**諸事不宜**	**忌** 祈福、出行、納采、問名、嫁娶、移徙、安床、解除、修造動土、豎柱上樑、開市、立券、交易、納財、破土、安葬、啟攢	**宜** 祭祀、祈福、出行、納采、問名、嫁娶、移徙、解除、修造動土、豎柱上樑、開市、立券、交易、納財 **忌** 嫁娶
房床門 房內南	倉庫爐 房內南	廚灶廁 房內南	占碓磨 房內南	占門床 房內南
沖雞 60歲 煞西	沖猴 1歲 煞北	沖羊 2歲 煞東	沖馬 3歲 煞南	沖蛇 4歲 煞西

25	24	23	大暑	22	21
一期星	日期星	六期星		五期星	四期星
				觀音菩薩成道日	天德月德
廿二	廿一	二十	酉時 17點30分	十九	十八
戊申	丁未	丙午		乙巳	甲辰
土	水	水		火	火
除	建	閉		開	收
宜	宜	★		宜	宜
宜祭祀 **忌**出行、納采、問名、安床、立券、交易、納財、破土、安葬、啟攢	**宜**祭祀、出行 **忌**祈福、納采、問名、嫁娶、解除、修造動土、豎柱上樑、破土、安葬、啟攢	**日逢受死日，不宜諸吉事**	**斗指丙為大暑，斯時天氣甚熱於小暑，故名大暑。** **節氣諺語：大暑熱不透，大水風颱到。** 大暑這天如果天氣不熱，表氣候不順，容易有水災、颱風等災害。	**宜**祭祀 **忌**祈福、出行、納采、問名、嫁娶、移徙、安床、解除、修造動土、豎柱上樑、開市、立券、交易、納財、破土、安葬、啟攢	**宜**祭祀、祈福、出行、納采、問名、嫁娶、移徙、解除、修造動土、豎柱上樑、納財、安葬、入宅
房床爐房內東	倉庫廁房內東	廚灶碓房內東		碓磨床房內東	門雞棲房內東
沖虎55歲煞南	沖牛56歲煞西	沖鼠57歲煞北		沖豬58歲煞東	沖狗59歲煞南

丙申年每日宜忌

31	30	29	28	27	26
星期日	星期六	星期五	星期四	星期三	星期二
天德 月德 刀砧日 勿探病				中伏 關聖帝君聖誕	天德合 月德合
廿八	廿七	廿六	廿五	廿四	廿三
甲寅	癸丑	壬子	辛亥	庚戌	己酉
水	木	木	金	金	土
危	破	執	定	平	滿
宜	★	★	宜	★	宜
宜 出行、移徙、安床、修造動土、豎柱上樑、開市、立券、交易、納財、破土、安葬、啟攢、入宅 **忌** 祭祀、祈福、納采、問名、嫁娶、解除	**諸事不宜**	**忌** 祈福、出行、納采、問名、嫁娶、移徙、安床、解除、修造動土、豎柱上樑、開市、立券、交易、納財、破土、安葬、啟攢	**宜** 祭祀、祈福、出行、納采、問名、移徙、修造動土、豎柱上樑、立券、交易、納財、入宅 **忌** 嫁娶、解除、破土、安葬、啟攢	**諸事不宜**	**宜** 祭祀、祈福、出行、納采、問名、嫁娶、移徙、解除、修造動土、豎柱上樑、開市、立券、交易、納財
占門爐外東北	房床廁外東北	倉庫碓外東北	廚灶床外東北	碓磨栖外東北	占大門外東北
沖猴49歲煞北	沖羊50歲煞東	沖馬51歲煞南	沖蛇52歲煞西	沖龍53歲煞北	沖兔54歲煞東

二〇一六年 國曆八月大	1	2	3	4	5	6
	星期一	星期二	星期三	星期四	星期五	星期六
	刀砧日 勿探病				天德合 月德合	
農曆七月 巧月 煞南方 立秋無雨是堪憂，萬物從來只半收 處暑若逢天下雨，縱然結實也難留	廿九	三十	七月初一	初二	初三	初四
	乙卯	丙辰	丁巳	戊午	己未	庚申
	水	土	土	火	火	木
	成	收	開	閉	建	除
	宜	宜	★	★	宜	宜
	宜 出行、納采、問名、嫁娶、移徙、修造動土、豎柱上樑、開市、立券、交易、納財、破土、啟攢	**宜** 祭祀、納財 **忌** 祈福、出行、納采、問名、嫁娶、移徙、安床、解除、修造動土、豎柱上樑、開市、立券、交易、破土、安葬、啟攢	**諸事不宜**	**日逢受死日，不宜諸吉事**	**宜** 祭祀、出行、移徙、納財 **忌** 祈福、出行、納采、問名、嫁娶、解除、修造動土、豎柱上樑、破土、安葬、啟攢	**宜** 祭祀 **忌** 出行、納采、問名、嫁娶、移徙、安床、修造動土、豎柱上樑、開市、立券、交易、納財
每日胎神占方	碓磨門外正東	廚灶棲外正東	倉庫床外正東	房床碓外正東	占門廁外正東	碓磨爐外東南
每日沖煞年齡	沖雞48歲煞西	沖狗47歲煞南	沖豬46歲煞東	沖鼠45歲煞北	沖牛44歲煞西	沖虎43歲煞南

10	9	8	立秋	7
三期星	二期星	一期星		日期星
	天德 七星娘娘 千秋	月德		
初八	初七	初六	巳時 09點53分	初五
子甲	亥癸	戌壬		酉辛
金	水	水		木
定	平	滿		滿除
宜	宜	宜		宜
宜祭祀、祈福、出行、納采、問名、嫁娶、移徙、安床、修造動土、豎柱上樑、開市、立券、交易、納財 **忌**解除	**宜**祭祀 **忌**祈福、嫁娶、解除	**宜**出行、納采、問名、嫁娶、移徙、修造動土、豎柱上樑、開市、立券、交易、納財、安葬 **忌**祭祀	**斗指西南維為立秋，陰意出地始殺萬物，按秋訓禾，穀熟。** **節氣諺語：六月秋，快溜溜，七月秋，秋後油。** 指如果立秋在農曆六月，漁業作業期會提早結束，如果落在七月，表示天氣穩定，漁業會較晚結束。	**宜**解除、破土、安葬 **忌**出行、納采、問名、嫁娶、移徙、立券、交易
占門碓外東南	占房床外東南	倉庫栖外東南		廚灶門外東南
沖馬39歲煞南	沖蛇40歲煞西	沖龍41歲煞北		沖兔42歲煞東

11	12	13	14	15	16
星期四	星期五	星期六	星期日	星期一	星期二
		月德合	天德合	刀砧日 大勢至菩薩聖誕	末伏 刀砧日 勿探病
初九	初十	十一	十二	十三	十四
乙丑	丙寅	丁卯	戊辰	己巳	庚午
金	火	火	木	木	土
執	破	危	成	收	開
★	★	宜	宜	宜	宜
日逢受死日，不宜諸吉事	**諸事不宜**	**宜** 祭祀、祈福、出行、納采、問名、嫁娶、移徙、安床、解除、豎柱上樑、立券、交易、安葬、啟攢、入宅 **忌** 修造動土、破土	**宜** 祭祀、祈福、解除、修造動土、豎柱上樑、開市、立券、交易、納財、安葬、入宅 **忌** 出行、納采、問名、嫁娶、移徙	**宜** 祭祀、祈福、納采、問名、嫁娶、移徙、修造動土、豎柱上樑、開市、立券、交易、納財 **忌** 出行	**宜** 祭祀 **忌** 納采、問名、嫁娶、破土、安葬、啟攢
碓磨廁外東南	廚灶爐外正南	倉庫門外正南	房床栖外正南	占門床外正南	占碓磨外正南
沖羊38歲煞東	沖猴37歲煞北	沖雞36歲煞西	沖狗35歲煞南	沖豬34歲煞東	沖鼠33歲煞北

丙申年每日宜忌

21	20	19	18	17
星期日	**星期六**	**星期五**	**星期四**	**星期三**
值星太歲星君千秋	瑤池金母聖誕	天德	月德	中元節 中元地官聖誕
十九	**十八**	**十七**	**十六**	**十五**
乙亥	甲戌	癸酉	壬申	辛未
火	火	金	金	土
平	滿	除	建	閉
宜	★	**宜**	**宜**	★
宜 祭祀 **忌** 祈福、出行、納采、問名、嫁娶、移徙、安床、解除、修造動土、豎柱上樑、開市、立券、交易、納財、破土、安葬、啟攢	**忌** 祭祀、納采、問名、嫁娶、開市、立券、交易、納財	**宜** 祭祀、祈福、納采、問名、解除、修造動土、豎柱上樑、納財、破土、安葬 **忌** 出行、嫁娶、移徙	**宜** 祭祀、祈福、出行、納采、問名、嫁娶、移徙、安床、解除、豎柱上樑、納財、安葬、入宅 **忌** 安床、修造動土、破土	**諸事不宜**
碓磨床外西南	門碓栖外西南	房床門外西南	倉庫爐外西南	廚灶廁外西南
沖蛇28歲煞西	沖龍29歲煞北	沖兔30歲煞東	沖虎31歲煞南	沖牛32歲煞西

22	23	處暑	24	25
一期星	二期星		三期星	四期星
	月德合		天德合	勿探病 諸葛武侯千秋
二十	廿一	子時 00點38分	廿二	廿三
丙子	丁丑		戊寅	己卯
水	水		土	土
定	執		破	危
宜	★		★	宜
宜 祭祀、祈福、出行、納采、問名、嫁娶、移徙、修造動土、豎柱上樑、開市、立券、交易、納財、破土、啟攢、入宅 **忌** 解除	**日逢受死日，不宜諸吉事**	**斗指戌為處暑，暑將退，伏而潛處，故名。** **節氣諺語：處暑，會曝死老鼠。** 指雖然已經進入秋天，但此時天氣還是會酷熱，所謂的秋老虎。	**忌** 祭祀、祈福、出行、納采、問名、嫁娶、移徙、安床、解除、修造動土、豎柱上樑、開市、立券、交易、納財、破土、安葬、啟攢	**宜** 祭祀、入宅 **忌** 祈福、出行、納采、問名、嫁娶、移徙、安床、解除、修造動土、豎柱上樑、開市、立券、交易、納財、破土
廚灶碓外西南	倉庫廁外正西		房床爐外正西	占大門外正西
沖馬27歲煞南	沖羊26歲煞東		沖猴25歲煞北	沖雞24歲煞西

丙申年每日宜忌

31	30	29	28	27	26
三期星	二期星	一期星	日期星	六期星	五期星
地藏王菩薩聖誕		天德	月德 刀砧日 勿探病	刀砧日	延平郡王千秋
廿九	廿八	廿七	廿六	廿五	廿四
乙酉	甲申	癸未	壬午	辛巳	庚辰
水	水	木	木	金	金
除	建	閉	開	收	成
宜	宜	宜	宜	宜	★
宜 解除、破土、安葬 **忌** 出行、納采、問名、嫁娶、移徙、立券、交易	**宜** 出行、嫁娶、納財 **忌** 祈福、納采、問名、安床、解除、修造動土、豎柱上樑、立券、交易、破土、安葬、啟攢	**宜** 祭祀 **忌** 祈福、出行、納采、問名、嫁娶、移徙、安床、解除、修造動土、豎柱上樑、開市、立券、交易、納財、破土、安葬、啟攢	**宜** 祭祀、祈福、出行、納采、問名、嫁娶、移徙、解除、修造動土、豎柱上樑、開市、納財	**宜** 嫁娶、開市、立券、交易、納財 **忌** 出行	**諸事不宜**
碓磨門外西北	占門爐外西北	房床廁外西北	倉庫碓外西北	廚灶床外正西	碓磨栖外正西
沖兔18歲煞東	沖虎19歲煞南	沖牛20歲煞西	沖鼠21歲煞北	沖豬22歲煞東	沖狗23歲煞南

二〇一六年國曆九月大	1	2	3	4	5	6
	星期四	星期五	星期六	星期日	星期一	星期二
		月德合	天德合 北斗星君聖誕		雷聲普化天尊聖誕	
農曆八月 桂月 煞東方	八月初一	初二	初三	初四	初五	初六
	丙戌	丁亥	戊子	己丑	庚寅	辛卯
	土	土	火	火	木	木
	滿	平	定	執	破	危
	★	宜	宜	★	★	宜
秋分天氣白雲多，處處歡歌好晚禾 只怕此時雷電閃，冬來米價到如何	**忌** 祭祀、納采、問名、嫁娶、開市、立券、交易、納財	**宜** 祭祀、出行、納采、問名、移徙、豎柱上樑 **忌** 祈福、嫁娶、解除、修造動土、破土	**宜** 祭祀、祈福、出行、納采、問名、嫁娶、移徙、解除、修造動土、豎柱上樑、開市、立券、交易、納財、安葬、入宅	**日逢受死日，不宜諸吉事**	**諸事不宜**	**宜** 祭祀、啟攢、入宅 **忌** 祈福、出行、納采、問名、嫁娶、移徙、安床、解除、修造動土、豎柱上樑、開市、立券、交易、納財、破土
每日胎神占方	廚灶棲外西北	倉庫床外西北	房床碓外正北	占門廁外正北	碓磨爐外正北	廚灶門外正北
每日沖煞年齡	沖龍17歲煞北	沖蛇16歲煞西	沖馬15歲煞南	沖羊14歲煞東	沖猴13歲煞北	沖雞12歲煞西

7	白露	8	9	10
三期星		四期星	五期星	六期星
		刀砧日	刀砧日	月德合
初七	午時 12點51分	初八	初九	初十
壬辰		癸巳	甲午	乙未
水		水	金	金
危成		成	收	開
宜		宜	宜	★
宜 祭祀、入宅	**斗指癸為白露，陰氣漸重，露凝而白，故名白露。** **節氣諺語：白露水，卡毒鬼。** 白露雨水性毒，一方面也指天氣變冷，露水冷冽，不利作物生長。	**宜** 祭祀、祈福、納采、問名、嫁娶、移徙、解除、修造動土、豎柱上樑、開市、立券、交易、納財、入宅 **忌** 出行、破土、安葬、啟攢	**宜** 祭祀 **忌** 祈福、出行、納采、問名、嫁娶、移徙、安床、解除、修造動土、豎柱上樑、開市、立券、交易、納財、破土、安葬、啟攢	**日逢受死日，不宜諸吉事**
倉庫栖外正北		占房床房內北	占門碓房內北	碓磨廁房內北
沖狗11歲煞南		沖豬10歲煞東	沖鼠9歲煞北	沖牛8歲煞西

15	14	13	12	11
四期星	三期星	二期星	一期星	日期星
月德合、中秋節、臨水夫人千秋				
十五	十四	十三	十二	十一
子庚	亥己	戌戊	酉丁	申丙
土	木	木	火	火
平	滿	除	建	閉
宜	宜	宜	宜	宜
宜 祭祀 **忌** 出行、納采、問名、嫁娶、移徙、安葬	**宜** 祭祀、祈福、出行、移徙、開市、立券、交易、納財 **忌** 納采、問名、嫁娶、破土、安葬、啟攢	**宜** 祭祀、出行、解除 **忌** 祈福、納采、問名、嫁娶、開市、立券、交易、納財、破土、安葬、啟攢	**宜** 祭祀 **忌** 祈福、出行、納采、問名、嫁娶、移徙、安床、解除、修造動土、豎柱上樑、開市、立券、交易、納財、破土、安葬、啟攢	**宜** 祭祀、納財、安葬 **忌** 祈福、出行、納采、問名、嫁娶、移徙、安床、解除、修造動土、豎柱上樑、開市、立券、交易、破土
占碓磨房內南	占門床房內南	房床栖房內南	倉庫門房內北	廚灶爐房內北
沖馬3歲煞南	沖蛇4歲煞西	沖龍5歲煞北	沖兔6歲煞東	沖虎7歲煞南

丙申年每日宜忌

20	19	18	17	16
二期星	一期星	日期星	六期星	五期星
月德合 刀砧日		九天玄女 千秋	勿探病	
二十	十九	十八	十七	十六
乙巳	甲辰	癸卯	壬寅	辛丑
火	火	金	金	土
成	危	破	執	定
宜	★	★	★	宜
宜 祭祀、祈福、納采、問名、嫁娶、移徙、解除、修造動土、豎柱上樑、開市、立券、交易、納財、入宅 **忌** 出行	**忌** 祈福、出行、解除、修造動土、豎柱上樑	**諸事不宜**	**忌** 祭祀、祈福、出行、納采、問名、嫁娶、移徙、安床、解除、修造動土、豎柱上樑、開市、立券、交易、納財、破土、安葬、啟攢	**宜** 納財 **忌** 出行、納采、問名、嫁娶、移徙、安床、解除、修造動土、豎柱上樑、開市、立券、交易、破土、安葬、啟攢
碓磨床房內東	門雞栖房內東	房床門房內南	倉庫爐房內南	廚灶廁房內南
沖豬58歲煞東	沖狗59歲煞南	沖雞60歲煞西	沖猴1歲煞北	沖羊2歲煞東

25	24	23	秋分	22	21
星期日	星期六	星期五		星期四	星期三
月德		天赦日		廣澤尊王聖誕	刀砧日
廿五	廿四	廿三	亥時 22點21分	廿二	廿一
庚戌	己酉	戊申		丁未	丙午
金	土	土		水	水
除	建	閉		開	收
宜	★	宜		★	宜
宜 祭祀、祈福、出行、納采、問名、嫁娶、移徙、解除、修造動土、豎柱上樑、納財、安葬、入宅	**諸事不宜**	**宜** 祭祀、立券、交易、納財、安葬、入宅 **忌** 祈福、安床	**斗指己為秋分，南北兩半球晝夜均分，又適當秋之半，故名。** **節氣諺語：月半看田頭。** 指這時期稻作生長的好壞已可以看見。	**日逢受死日，不宜諸吉事**	**宜** 祭祀 **忌** 祈福、出行、納采、問名、嫁娶、移徙、安床、解除、修造動土、豎柱上樑、開市、立券、交易、納財、破土、安葬、啟攢
碓磨栖外東北	占大門外東北	房床爐房內東		倉庫廁房內東	廚灶碓房內東
沖龍53歲煞北	沖兔54歲煞東	沖虎55歲煞南		沖牛56歲煞西	沖鼠57歲煞北

丙申年每日宜忌

30	29	28	27	26
五期星	四期星	三期星	二期星	一期星
月德合 勿探病	勿探病			
三十	廿九	廿八	廿七	廿六
乙卯	甲寅	癸丑	壬子	辛亥
水	水	木	木	金
破	執	定	平	滿
★	★	宜	宜	宜
諸事不宜	**忌** 祭祀、祈福、出行、納采、問名、嫁娶、移徙、安床、解除、修造動土、豎柱上樑、開市、立券、交易、納財、破土、安葬、啟攢	**宜** 祭祀、祈福、出行、移徙、修造動土、豎柱上樑、立券、交易、納財、入宅 **忌** 納采、問名、嫁娶、解除	**宜** 祭祀 **忌** 祈福、出行、納采、問名、嫁娶、移徙、安床、解除、修造動土、豎柱上樑、開市、立券、交易、納財、破土、安葬、啟攢	**宜** 祭祀、祈福、出行、移徙 **忌** 納采、問名、嫁娶、開市、立券、交易、納財、破土、安葬、啟攢
碓磨門外正東	占門爐外東北	房床廁外東北	倉庫碓外東北	廚灶床外東北
沖雞48歲煞西	沖猴49歲煞北	沖羊50歲煞東	沖馬51歲煞南	沖蛇52歲煞西

二〇一六年 國曆十月大	1	2	3	4	5
	六期星	日期星	一期星	二期星	三期星
		刀砧日	刀砧日		月德合
農曆九月　菊月　煞北方	九月 初一	初二	初三	初四	初五
	丙辰	丁巳	戊午	己未	庚申
	土	土	火	火	木
	危	成	收	開	閉
	宜	宜	宜	★	宜
寒露飛霜侵損民，重陽無雨一冬晴 霜降火色人多病，更遇雷聲菜價增	**宜** 入宅 **忌** 祈福、出行、解除、修造動土、豎柱上樑	**宜** 祭祀、祈福、納采、問名、嫁娶、移徙、修造動土、豎柱上樑、開市、立券、交易、納財、入宅 **忌** 出行、破土、安葬、啟攢	**宜** 祭祀 **忌** 祈福、出行、納采、問名、嫁娶、移徙、安床、解除、修造動土、豎柱上樑、開市、立券、交易、納財、破土、安葬、啟攢	**日逢受死日，不宜諸吉事**	**宜** 祭祀、立券、交易、納財、破土、安葬 **忌** 祈福、納采、問名、嫁娶、安床、解除
每日胎神占方	廚灶栖外正東	倉庫床外正東	房床碓外正東	占門廁外正東	碓磨爐外東南
每日沖煞年齡	沖狗47歲煞南	沖豬46歲煞東	沖鼠45歲煞北	沖牛44歲煞西	沖虎43歲煞南

6	7	8	寒露	9	10
四期星	五期星	六期星		日期星	一期星
				中壇元帥千秋	
初六	初七	初八	寅時04點33分	初九	初十
辛酉	壬戌	癸亥		甲子	乙丑
木	水	水		金	金
建	除	除滿		滿	平
宜	宜	宜		宜	★
宜 祭祀 **忌** 祈福、出行、納采、問名、嫁娶、移徙、安床、解除、修造動土、豎柱上樑、開市、立券、交易、納財、破土、安葬、啟攢	**宜** 祭祀、出行、移徙、解除、修造動土、豎柱上樑、入宅 **忌** 祈福、納采、問名、嫁娶、開市、立券、交易、納財、破土、安葬、啟攢	**宜** 祭祀 **忌** 嫁娶、修造動土、破土、安葬、啟攢	**斗指甲為寒露，斯時露寒冷而將欲凝結，故名寒露。** **節氣諺語：白露水，寒露風。** 指白露這天如果下雨，則寒露時節會容易有風災。	**宜** 祭祀 **忌** 祈福、出行、納采、問名、嫁娶、移徙、安床、解除、修造動土、豎柱上樑、開市、立券、交易、納財、破土、安葬、啟攢	**諸事不宜**
廚灶門外東南	倉庫栖外東南	占房床外東南		占門碓外東南	碓磨廁外東南
沖兔42歲煞東	沖龍41歲煞北	沖蛇40歲煞西		沖馬39歲煞南	沖羊38歲煞東

11	12	13	14	15
二期星	三期星	四期星	五期星	六期星
天德 月德			刀砧日	刀砧日 勿探病 吳三王爺 千秋
十一	十二	十三	十四	十五
丙寅	丁卯	戊辰	己巳	庚午
火	火	木	木	土
定	執	破	危	成
★	宜	宜	宜	宜
日逢受死日，不宜諸吉事	**宜** 祭祀、祈福、嫁娶、破土、安葬、啟攢 **忌** 開市、立券、交易、納財	**宜** 祭祀 **忌** 祈福、出行、納采、問名、嫁娶、移徙、安床、解除、修造動土、豎柱上樑、開市、立券、交易、納財、破土、安葬、啟攢	**宜** 祭祀、安床 **忌** 祈福、出行、解除、破土、安葬、啟攢	**宜** 祭祀、祈福、出行、納采、問名、嫁娶、移徙、解除、修造動土、豎柱上樑、開市、立券、交易、納財、破土、安葬、入宅
廚灶 爐外 正南	倉庫 門外 正南	房床 栖外 正南	占門 床外 正南	占碓 磨外 正南
沖猴 37歲 煞北	沖雞 36歲 煞西	沖狗 35歲 煞南	沖豬 34歲 煞東	沖鼠 33歲 煞北

20	19	18	17	16
四期星	三期星	二期星	一期星	日期星
	觀音菩薩出家日			天德合 月德合
二十	十九	十八	十七	十六
乙亥	甲戌	癸酉	壬申	辛未
火	火	金	金	土
除	建	閉	開	收
宜	★	宜	宜	宜
宜 入宅 **忌** 祈福、納采、問名、嫁娶、移徙、安床、修造動土、豎柱上樑、破土、安葬、啟攢	**諸事不宜**	**宜** 祭祀 **忌** 祈福、出行、納采、問名、嫁娶、移徙、安床、解除、修造動土、豎柱上樑、開市、立券、交易、納財、破土、安葬、啟攢	**宜** 祭祀、祈福、出行、移徙、解除、修造動土、豎柱上樑、開市、納財 **忌** 納采、問名、嫁娶、安床、立券、交易	**宜** 祭祀 **忌** 修造動土、破土
碓磨床外西南	門碓栖外西南	房床門外西南	倉庫爐外西南	廚灶廁外西南
沖蛇28歲煞西	沖龍29歲煞北	沖兔30歲煞東	沖虎31歲煞南	沖牛32歲煞西

21	22	23	霜降	24	25
星期五	星期六	星期日		星期一	星期二
天德 月德				勿探病	
廿一	廿二	廿三	辰時 07點46分	廿四	廿五
丙子	丁丑	戊寅		己卯	庚辰
水	水	土		土	金
滿	平	定		執	破
宜	★	★		宜	宜
宜 祭祀、祈福、出行、納采、問名、嫁娶、解除、修造動土、豎柱上樑、開市、立券、交易、納財、破土、安葬、啟攢 **忌** 移徙	**諸事不宜**	**日逢受死日，不宜諸吉事**	**斗指巳為霜降，氣肅，露凝結為霜而下降，故名霜降。** **節氣諺語：霜降，風颱走去藏。** 指霜降後，颱風季節也就結束了。	**宜** 祭祀、祈福、嫁娶、安葬、入宅 **忌** 開市、立券、交易、納財	**宜** 祭祀、解除 **忌** 祈福、出行、納采、問名、嫁娶、移徙、安床、修造動土、豎柱上樑、開市、立券、交易、納財、破土、安葬、啟攢
廚灶碓外西南	倉庫廁外正西	房床爐外正西		占大門外正西	碓磨栖外正西
沖馬27歲煞南	沖羊26歲煞東	沖猴25歲煞北		沖雞24歲煞西	沖狗23歲煞南

31	30	29	28	27	26
一期星	日期星	六期星	五期星	四期星	三期星
天德 月德		藥師佛 佛誕		刀砧日 勿探病	天德合 月德合
十月初一	三十	廿九	廿八	廿七	廿六
丙戌	乙酉	甲申	癸未	壬午	辛巳
土	水	水	木	木	金
建	閉	開	收	成	危
宜	★	宜	宜	宜	宜
宜 祭祀、祈福、出行、納采、問名、嫁娶、移徙、解除、豎柱上樑、納財、安葬 **忌** 修造動土、破土	**忌** 祈福、出行、納采、問名、嫁娶、移徙、安床、解除、修造動土、豎柱上樑、開市、立券、交易、納財、破土、安葬、啟攢	**宜** 祭祀、祈福、出行、移徙、解除、修造動土、豎柱上樑、開市、入宅 **忌** 納采、問名、嫁娶、安床、立券	**宜** 祭祀 **忌** 祈福、出行、納采、問名、嫁娶、移徙、安床、解除、修造動土、豎柱上樑、開市、立券、交易、納財、破土、安葬、啟攢	**宜** 祭祀、祈福、出行、納采、問名、嫁娶、移徙、安床、解除、修造動土、豎柱上樑、開市、立券、交易、納財、破土、安葬、入宅	**宜** 祭祀、納采、問名、嫁娶、移徙、安床、修造動土、豎柱上樑 **忌** 祈福、出行、解除
廚灶栖外西北	碓磨門外西北	占門爐外西北	房床廁外西北	倉庫碓外西北	廚灶床外正西
沖龍17歲煞北	沖兔18歲煞東	沖虎19歲煞南	沖牛20歲煞西	沖鼠21歲煞北	沖豬22歲煞東

二〇一六年 國曆十一月小	1	2	3	4	5
	星期二	星期三	星期四	星期五	星期六
				達摩祖師佛誕	天德合 月德合
農曆十月 陽月 煞西方	初二	初三	初四	初五	初六
	丁亥	戊子	己丑	庚寅	辛卯
	土	火	火	木	木
	除	滿	平	定	執
	★	宜	★	★	宜
立冬之日怕逢壬，來歲高田枉費心 此日更逢壬子日，災情疾病損人民	**忌**祈福、納采、問名、嫁娶、移徙、安床、修造動土、豎柱上樑、破土、安葬、啟攢	**宜**祭祀 **忌**祈福、出行、納采、問名、嫁娶、移徙、安床、解除、修造動土、豎柱上樑、開市、立券、交易、納財、破土、安葬、啟攢	**諸事不宜**	**日逢受死日，不宜諸吉事**	**宜**祭祀、祈福、出行、納采、問名、嫁娶、移徙、解除、修造動土、豎柱上樑、開市、立券、交易、納財、破土、安葬、啟攢、入宅
每日胎神占方	倉庫床外西北	房床外正北	占門廁外正北	碓磨爐外正北	廚灶門外正北
每日沖煞年齡	沖蛇16歲煞西	沖馬15歲煞南	沖羊14歲煞東	沖猴13歲煞北	沖雞12歲煞西

6	7	立冬	8	9	10
日期星	一期星		二期星	三期星	四期星
刀砧日			月德	天德 水仙尊王千秋	刀砧日
初七	初八	辰時 07點48分	初九	初十	十一
壬辰	癸巳		甲午	乙未	丙申
水	水		金	金	火
破	破危		危	成	收
宜	★		宜	宜	★
宜 祭祀、解除 **忌** 祈福、出行、納采、問名、嫁娶、移徙、安床、修造、動土、豎柱上樑、開市、立券、交易、納財、破土、安葬、啟攢	**忌** 祈福、出行、納采、問名、嫁娶、移徙、安床、修造、動土、豎柱上樑、開市、立券、交易、納財、破土、安葬、啟攢	**斗指西北維為立冬，冬者終也，立冬之時萬物終成，故名立冬。** **節氣諺語：補冬補嘴空。** 民俗上，立冬日要吃麻油雞等進補，儲備過冬的體力。	**宜** 祭祀、祈福、出行、納采、問名、嫁娶、移徙、安床、解除、修造動土、豎柱上樑、納財、破土、安葬、入宅	**宜** 祭祀、祈福、納采、問名、解除、修造動土、豎柱上樑、開市、立券、交易、納財、安葬 **忌** 出行、嫁娶、移徙	**日逢受死日，不宜諸吉事**
倉庫栖外正北	占房床內北		占門碓房內北	碓磨廁房內北	廚灶爐房內北
沖狗11歲煞南	沖豬10歲煞東		沖鼠9歲煞北	沖牛8歲煞西	沖虎7歲煞南

15	14	13	12	11
二期星	一期星	日期星	六期星	五期星
	天德合 下元水官 千秋	月德合		刀砧日
十六	十五	十四	十三	十二
辛丑	庚子	己亥	戊戌	丁酉
土	土	木	木	火
滿	除	建	閉	開
宜	宜	★	★	宜
宜 祭祀 **忌** 祈福、出行、納采、問名、嫁娶、移徙、安床、解除、修造動土、豎柱上樑、開市、立券、交易、納財、破土、安葬、啟攢	**宜** 祭祀、祈福、出行、納采、問名、嫁娶、移徙、解除、修造動土、豎柱上樑、破土、安葬、啟攢、入宅	**諸事不宜**	**諸事不宜**	**宜** 祭祀 **忌** 納采、問名、嫁娶、立券、交易
廚灶廁房內南	占碓磨房內南	占門床房內南	房床栖房內南	倉庫門房內北
沖羊2歲煞東	沖馬3歲煞南	沖蛇4歲煞西	沖龍5歲煞北	沖兔6歲煞東

16	17	18	19	20
星期三	星期四	星期五	星期六	星期日
勿探病		月德	天德	
十七	十八	十九	二十	廿一
壬寅	癸卯	甲辰	乙巳	丙午
金	金	火	火	水
平	定	執	破	危
宜	宜	宜	宜	宜
宜 出行、納采、問名、嫁娶、移徙、修造動土、豎柱上樑、開市、立券、交易、納財、入宅 忌 祭祀、祈福、解除	宜 出行、納采、問名、嫁娶、移徙、修造動土、豎柱上樑、開市、立券、交易、納財、破土、安葬、啟攢、入宅 忌 解除	宜 祭祀、祈福、納采、問名、嫁娶、移徙、解除、豎柱上樑、納財、安葬、入宅 忌 出行、修造動土、破土	宜 祭祀、解除 忌 祈福、出行、納采、問名、嫁娶、移徙、安床、修造動土、豎柱上樑、開市、立券、交易、納財、破土、安葬、啟攢	宜 祭祀 忌 祈福、出行、納采、問名、嫁娶、移徙、安床、解除、修造動土、豎柱上樑、開市、立券、交易、納財、破土、安葬、啟攢
倉庫爐房內南	房床門房內南	門雞棲房內東	碓磨床房內東	廚灶碓房內東
沖猴1歲煞北	沖雞60歲煞西	沖狗59歲煞南	沖豬58歲煞東	沖鼠57歲煞北

21	22	小雪	23	24
星期一	星期二		星期三	星期四
	刀砧日 周倉將軍 千秋		月德合 刀砧日	天德合
廿二	廿三	卯時 05點22分	廿四	廿五
丁未	戊戌		己酉	庚戌
水	土		土	金
成	收		開	閉
宜	★		宜	宜
宜祭祀、祈福、修造動土、豎柱上樑、開市、立券、交易、納財 **忌**出行、納采、問名、嫁娶、移徙	**日逢受死日，不宜諸吉事**	**斗指己，斯時天已積陰，寒未深而雪未大，故名小雪。** **節氣諺語：小雪小到。** 指烏魚群在小雪前後剛到台灣海峽來，數量還不多。	**宜**祭祀、祈福、出行、納采、問名、嫁娶、移徙、解除、修造動土、豎柱上樑、開市、納財	**宜**祭祀 **忌**祈福、出行、納采、問名、嫁娶、移徙、安床、解除、修造動土、豎柱上樑、開市、立券、交易、納財、破土、安葬、啟攢
倉庫廁房內東	房床爐房內東		占大門外東北	碓磨栖外東北
沖牛56歲煞西	沖虎55歲煞南		沖兔54歲煞東	沖龍53歲煞北

丙申年每日宜忌

30	29	28	27	26	25
三期星	二期星	一期星	日期星	六期星	五期星
	天德 勿探病	月德 勿探病		紫微星君聖誕	
初二	十一月初一	廿九	廿八	廿七	廿六
丙辰	乙卯	甲寅	癸丑	壬子	辛亥
土	水	水	木	木	金
執	定	平	滿	除	建
宜	宜	宜	宜	宜	宜
宜 解除 **忌** 出行、修造動土、開市、立券、交易、納財、破土	**宜** 祭祀、祈福、出行、納采、問名、嫁娶、移徙、解除、修造動土、豎柱上樑、開市、立券、交易、納財、破土、安葬、啟攢、入宅	**宜** 出行、移徙、修造動土、豎柱上樑、開市、立券、交易、納財、破土、安葬、啟攢 **忌** 祭祀、祈福、納采、問名、嫁娶、解除	**宜** 祭祀 **忌** 祈福、出行、納采、問名、嫁娶、移徙、安床、解除、修造動土、豎柱上樑、開市、立券、交易、納財、破土、安葬、啟攢	**宜** 入宅 **忌** 祈福、出行、納采、問名、嫁娶、移徙、安床、解除、修造動土、豎柱上樑、開市、立券、交易、納財、破土、安葬、啟攢	**宜** 祭祀 **忌** 祈福、出行、納采、問名、嫁娶、移徙、安床、解除、修造動土、豎柱上樑、開市、立券、交易、納財、破土、安葬、啟攢
廚灶棲外正東	碓磨門外正東	占門爐外東北	房床廁外東北	倉庫碓外東北	廚灶床外東北
沖狗47歲煞南	沖雞48歲煞西	沖猴49歲煞北	沖羊50歲煞東	沖馬51歲煞南	沖蛇52歲煞西

二〇一六年 國曆十二月大	1	2	3	4	5	6
	星期四	星期五	星期六	星期日	星期一	星期二
			月德合	天德合 刀砧日	刀砧日	
農曆十一月 葭月 煞南方	初三	初四	初五	初六	初七	初八
	丁巳	戊午	己未	庚申	辛酉	壬戌
	土	火	火	木	木	水
	破	危	成	收	開	閉
	★	宜	宜	★	宜	★
初一西風盜賊多，更兼大雪有災魔 冬至天晴無日色，來年定唱太平歌	**諸事不宜**	**宜** 祭祀 **忌** 祈福、出行、納采、問名、嫁娶、移徙、安床、解除、修造動土、豎柱上樑、開市、立券、交易、納財	**宜** 祭祀、祈福、解除、修造動土、豎柱上樑、開市、立券、交易、納財、安葬 **忌** 出行、納采、問名、嫁娶、移徙	**日逢受死日，不宜諸吉事**	**宜** 祭祀 **忌** 納采、問名、嫁娶、開市、立券、交易、納財	**諸事不宜**
每日胎神占方	倉庫床外正東	房床碓外正東	占門廁外正東	碓磨爐外東南	廚灶門外東南	倉庫栖外東南
每日沖煞年齡	沖豬46歲煞東	沖鼠45歲煞北	沖牛44歲煞西	沖虎43歲煞南	沖兔42歲煞東	沖龍41歲煞北

7	大雪	8	9	10
星期三		星期四	星期五	星期六
		天赦日	太乙救苦天尊聖誕	
初九	子時 00點41分	初十	十一	十二
癸亥		甲子	乙丑	丙寅
水		金	金	火
閉建		建	除	滿
★		宜	宜	宜
忌 祈福、出行、納采、問名、嫁娶、移徙、安床、解除、修造動土、豎柱上樑、開市、立券、交易、納財、破土、安葬、啟攢	**斗指甲，斯時積陰為雪，至此粟烈而大過於小雪，故名大雪。** **節氣諺語：大雪大到。** 指鳥魚群到了大雪時，便大批湧進台灣海峽。	**宜** 祭祀 **忌** 祈福、出行、納采、問名、嫁娶、移徙、安床、解除、修造動土、豎柱上樑、開市、立券、交易、納財、破土、安葬、啟攢	**宜** 祭祀、祈福、出行、納采、問名、嫁娶、移徙、解除、修造動土、豎柱上樑、立券、交易、納財、破土、安葬、入宅	**宜** 出行、解除、修造動土、豎柱上樑、開市、立券、交易、納財、破土、啟攢 **忌** 祭祀、納采、問名、移徙
占房床外東南		占門碓外東南	碓磨廁外東南	廚灶爐外正南
沖蛇40歲煞西		沖馬39歲煞南	沖羊38歲煞東	沖猴37歲煞北

11	12	13	14	15
日期星	**一期星**	**二期星**	**三期星**	**四期星**
月德合			勿探病	
十三	**十四**	**十五**	**十六**	**十七**
丁卯	戊辰	己巳	庚午	辛未
火	木	木	土	土
平	定	執	破	危
★	**宜**	**宜**	★	★
日逢受死日，不宜諸吉事	**宜** 祭祀、祈福、納采、問名、嫁娶、修造動土、豎柱上樑、立券、交易、納財、入宅 **忌** 解除	**宜** 祭祀、入宅 **忌** 祈福、出行、納采、問名、嫁娶、移徙、安床、解除、修造動土、豎柱上樑、開市、立券、交易、納財、破土、安葬、啟攢	**諸事不宜**	**忌** 祈福、出行、納采、問名、嫁娶、移徙、安床、解除、修造動土、豎柱上樑、開市、立券、交易、納財、破土、安葬、啟攢
倉庫門外正南	房床栖外正南	占門床外正南	占碓磨外正南	廚灶廁外西南
沖雞36歲煞西	沖狗35歲煞南	沖豬34歲煞東	沖鼠33歲煞北	沖牛32歲煞西

丙申年每日宜忌

20	19	18	17	16
星期二	星期一	星期日	星期六	星期五
			刀砧日	月德 刀砧日
廿二	廿一	二十	十九	十八
丙子	乙亥	甲戌	癸酉	壬申
水	火	火	金	金
建	閉	開	收	成
★	宜	宜	★	宜
諸事不宜	**宜** 祭祀、納財、入宅 **忌** 祈福、出行、納采、問名、嫁娶、移徙、安床、解除、修造動土、豎柱上樑、開市、破土、安葬、啟攢	**宜** 祭祀、祈福、納采、問名、解除、修造動土、豎柱上樑 **忌** 出行、嫁娶、移徙、開市、立券、交易、納財	**忌** 祈福、出行、納采、問名、嫁娶、移徙、安床、解除、修造動土、豎柱上樑、開市、立券、交易、納財、破土、安葬、啟攢	**宜** 祭祀、祈福、出行、納采、問名、嫁娶、移徙、解除、豎柱上樑、開市、立券、納財、安葬、入宅 **忌** 修造動土、栽種、破土
廚灶碓外西南	碓磨床外西南	門碓栖外西南	房床門外西南	倉庫爐外西南
沖馬27歲煞南	沖蛇28歲煞西	沖龍29歲煞北	沖兔30歲煞東	沖虎31歲煞南

21	冬至	22	23	24	25
星期三		星期四	星期五	星期六	星期日
月德合			勿探病		
廿三	酉時 18點44分	廿四	廿五	廿六	廿七
丁丑		戊寅	己卯	庚辰	辛巳
水		土	土	金	金
除		滿	平	定	執
宜		宜	★	宜	宜
宜 祭祀、祈福、出行、納采、問名、嫁娶、移徙、解除、修造動土、豎柱上樑、立券、交易、納財、安葬、入宅	**時陰極之至，明陽氣始至，日行至南，北半球晝最短而夜最長。** **節氣諺語：冬至烏，過年酥。** 冬至這天如果下雨，那麼過年時就有很高的機率會放晴。	**宜** 出行、解除、修造動土、豎柱上樑、立券、交易、納財 **忌** 祭祀、納采、問名、移徙	**日逢受死日，不宜諸吉事**	**宜** 祭祀、祈福、納采、問名、嫁娶、修造動土、豎柱上樑、立券、交易、納財、入宅 **忌** 解除	**宜** 祭祀、入宅 **忌** 祈福、出行、納采、問名、嫁娶、移徙、安床、解除、修造動土、豎柱上樑、開市、立券、交易、納財、破土、安葬、啟攢
倉庫廁外正西		房床爐外正西	占大門外正西	碓磨棲外正西	廚灶床外正西
沖羊26歲煞東		沖猴25歲煞北	沖雞24歲煞西	沖狗23歲煞南	沖豬22歲煞東

丙申年每日宜忌

26	27	28	29	30	31
星期一	星期二	星期三	星期四	星期五	星期六
月德 勿探病		刀砧日	刀砧日		月德合
廿八	廿九	三十	十二月初一	初二	初三
壬午	癸未	甲申	乙酉	丙戌	丁亥
木	木	水	水	土	土
破	危	成	收	開	閉
宜	★	宜	宜	宜	宜
宜 祭祀 **忌** 祈福、出行、納采、問名、嫁娶、移徙、安床、解除、修造動土、豎柱上樑、開市、立券、交易、納財、破土、安葬、啟攢	**忌** 祈福、出行、納采、問名、嫁娶、移徙、安床、解除、修造動土、豎柱上樑、開市、立券、交易、納財、破土、安葬、啟攢	**宜** 祭祀、祈福、出行、納采、問名、嫁娶、移徙、解除、豎柱上樑、開市、立券、交易、納財、安葬、入宅 **忌** 安床、修造動土、破土	**宜** 祭祀 **忌** 祈福、出行、納采、問名、嫁娶、移徙、安床、解除、修造動土、豎柱上樑、開市、立券、交易、納財、破土、安葬、啟攢	**宜** 祭祀、祈福、解除、修造動土、豎柱上樑 **忌** 出行、嫁娶、移徙、開市、立券、交易、納財	**宜** 祭祀、入宅 **忌** 祈福、嫁娶、解除
倉庫碓外西北	房床廁外西北	占門爐外西北	碓磨門外西北	廚灶棲外西北	倉庫床外西北
沖鼠21歲煞北	沖牛20歲煞西	沖虎19歲煞南	沖兔18歲煞東	沖龍17歲煞北	沖蛇16歲煞西

二〇一七年 國曆一月大

農曆十二月 臘月 煞東方

朔日西風六畜災，綿絲五穀德成堆
最喜大寒無雨雪，太平冬盡賀春來

國曆	1	2	3	4	5
	日期星	一期星	二期星	三期星	四期星
農曆	初四	初五	初六	初七	初八
	戊子	己丑	庚寅	辛卯	壬辰
	火	火	木	木	水
	建	除	滿	平	平定
	★	宜	宜	★	★
	諸事不宜	宜 祭祀、祈福、出行、嫁娶、解除、立券、交易、納財、安葬、入宅	宜 出行、嫁娶、解除、修造動土、豎柱上樑、開市、立券、交易、納財、破土、啟攢 忌 祭祀、納采、問名、移徙	日逢受死日，不宜諸吉事	諸事不宜
每日胎神占方	房床碓外正北	占門廁外正北	碓磨爐外正北	廚灶門外正北	倉庫栖外正北
每日沖煞年齡	沖馬15歲煞南	沖羊14歲煞東	沖猴13歲煞北	沖雞12歲煞西	沖狗11歲煞南

小寒

午時 11點56分

斗指戊為小寒，時天氣漸寒，尚未大冷，故名小寒。

節氣諺語：小寒大冷，人馬安。

小寒時天氣應寒冷，人畜才會平安。

丙申年每日宜忌

10	9	8	7	6
二期星	**一期星**	**日期星**	**六期星**	**五期星**
刀砧日	刀砧日	天德合 月德合		
十三	**十二**	**十一**	**初十**	**初九**
酉丁	申丙	未乙	午甲	巳癸
火	火	金	金	水
成	危	破	執	定
★	**宜**	**宜**	**宜**	**宜**
日逢受死日，不宜諸吉事	**宜** 祭祀、開市、納財、破土、安葬、入宅 **忌** 祈福、納采、問名、安床、解除、立券、交易	**宜** 祭祀、解除 **忌** 祈福、出行、納采、問名、嫁娶、移徙、安床、修造動土、豎柱上樑、開市、立券、交易、納財、破土、安葬、啟攢	**宜** 祭祀、入宅 **忌** 祈福、納采、問名、安床、解除、立券、交易	**宜** 納采、問名、修造動土、豎柱上樑、立券、交易、納財、入宅 **忌** 出行、嫁娶、解除、破土、安葬、啟攢
內門倉 北房庫	內爐廚 北房灶	內廁碓 北房磨	內碓占 北房門	內床占 北房房
煞6沖 東歲兔	煞7沖 南歲虎	煞8沖 西歲牛	煞9沖 北歲鼠	煞10沖 東歲豬

15	14	13	12	11
星期日	星期六	星期五	星期四	星期三
勿探病		天德 月德		
十八	十七	十六	十五	十四
壬寅	辛丑	庚子	己亥	戊戌
金	土	土	木	木
除	建	閉	開	收
宜	宜	宜	宜	宜
宜 入宅 **忌** 祭祀、出行	**宜** 祭祀、祈福、納采、問名、解除、豎柱上樑、納財 **忌** 出行、嫁娶、移徙、修造動土、破土	**宜** 祭祀、安葬、啟攢 **忌** 移徙、修造動土、破土	**宜** 祭祀 **忌** 祈福、出行、納采、問名、嫁娶、移徙、安床、解除、修造動土、豎柱上樑、開市、立券、交易、納財、破土、安葬、啟攢	**宜** 祭祀 **忌** 祈福、出行、納采、問名、嫁娶、移徙、安床、解除、修造動土、豎柱上樑、開市、立券、交易、納財、破土、安葬、啟攢
倉庫爐房內南	廚灶廁房內南	占碓磨房內南	占門床房內南	房床栖房內南
沖猴1歲煞北	沖羊2歲煞東	沖馬3歲煞南	沖蛇4歲煞西	沖龍5歲煞北

大寒	20	19	18	17	16
	星期五	星期四	星期三	星期二	星期一
			天德合 月德合		
卯時 05點24分	廿三	廿二	廿一	二十	十九
	丁未	丙午	乙巳	甲辰	癸卯
	水	水	火	火	金
	破	執	定	平	滿
	★	★	宜	★	宜
斗指癸為大寒，時大寒栗烈已極，故名大寒。 **節氣諺語：大寒不寒，春分不暖。** 大寒若天氣溫暖，表氣候不順，隔年春分仍會寒冷。	**諸事不宜**	**忌** 祈福、出行、納采、問名、嫁娶、移徙、安床、解除、修造動土、豎柱上樑、開市、立券、交易、納財、破土、安葬、啟攢	**宜** 祭祀、祈福、納采、問名、嫁娶、移徙、解除、修造動土、豎柱上樑、立券、交易、納財、入宅 **忌** 出行	**諸事不宜**	**宜** 祭祀 **忌** 祈福、出行、納采、問名、嫁娶、移徙、安床、解除、修造動土、豎柱上樑、開市、立券、交易、納財、破土、安葬、啟攢
	倉庫廁房內東	廚灶碓房內東	碓磨床房內東	門雞棲房內東	房床門房內南
	沖牛56歲煞西	沖鼠57歲煞北	沖豬58歲煞東	沖狗59歲煞南	沖雞60歲煞西

26	25	24	23	22	21
四期星	三期星	二期星	一期星	日期星	六期星
			天德 月德	刀砧日 天神下降日	刀砧日 送神日
廿九	廿八	廿七	廿六	廿五	廿四
癸丑	壬子	辛亥	庚戌	己酉	戊申
木	木	金	金	土	土
建	閉	開	收	成	危
★	宜	宜	宜	★	宜
忌 祈福、出行、納采、問名、嫁娶、移徙、安床、解除、修造動土、豎柱上樑、開市、立券、交易、納財、破土、安葬、啟攢	**宜** 祭祀 **忌** 祈福、出行、納采、問名、嫁娶、移徙、安床、解除、修造動土、豎柱上樑、開市、立券、交易、納財、破土、安葬	**宜** 祭祀 **忌** 祈福、出行、納采、問名、嫁娶、移徙、安床、解除、修造動土、豎柱上樑、開市、立券、交易、納財、破土、安葬、啟攢	**宜** 祭祀	**日逢受死日，不宜諸吉事**	**宜** 祭祀、開市、納財 **忌** 祈福、納采、問名、安床、解除、立券、交易
房床廁外東北	倉庫碓外東北	廚灶床外東北	碓磨栖外東北	占大門外東北	房床爐房內東
沖羊50歲煞東	沖馬51歲煞南	沖蛇52歲煞西	沖龍53歲煞北	沖兔54歲煞東	沖虎55歲煞南

31	30	29	28	27
星期二	星期一	星期日	星期六	星期五
孫真人聖誕			春節 天德合 月德合 勿探病	除夕 勿探病
初四	初三	初二	正月初一	三十
戊午	丁巳	丙辰	乙卯	甲寅
火	土	土	水	水
執	定	平	滿	除
★	★	★	宜	宜
忌 祈福、出行、納采、問名、嫁娶、移徙、安床、解除、修造動土、豎柱上樑、開市、立券、交易、納財、破土、安葬、啟攢	**忌** 祈福、出行、納采、問名、嫁娶、移徙、安床、解除、修造動土、豎柱上樑、開市、立券、交易、納財、破土、安葬、啟攢	**諸事不宜**	**宜** 祭祀、祈福、出行、納采、問名、嫁娶、移徙、解除、豎柱上樑、開市、立券、交易、納財、安葬、啟攢 **忌** 修造動土、破土	**宜** 入宅 **忌** 祭祀、出行、納采、問名、嫁娶
房床碓外正東	倉庫床外正東	廚灶栖外正東	碓磨門外正東	占門爐外東北
沖鼠46歲煞北	沖豬47歲煞東	沖狗48歲煞南	沖雞49歲煞西	沖猴49歲煞北

二〇一七年 國曆二月小	1	2	3
	星期三	星期四	星期五
		天德、月德、刀砧日、清水祖師聖誕	月德合
農曆一月 端月 煞北方	初五	初六	初七
	己未	庚申	辛酉
	火	木	木
	破	危	危成
	宜	宜	★
立春最喜晴一日，元旦景雲光齊天 雨水連綿是豐年，農夫不用力耕田	**宜** 祭祀 **忌** 祈福、出行、納采、問名、嫁娶、移徙、安床、修造動土、豎柱上樑、開市、立券、交易、納財、破土、安葬、啟攢	**宜** 祭祀、出行、移徙、修造動土、豎柱上樑、開市、立券、交易、納財、破土、安葬、入宅 **忌** 祈福、納采、問名、嫁娶、安床、解除	**諸事不宜**
每日胎神占方	占門廁外正東	碓磨爐外東南	廚灶門外東南
每日沖煞年齡	沖牛45歲煞西	沖虎44歲煞南	沖兔43歲煞東

立春

子時 23點34分

斗指東北維為立春，時春氣始至，四時之卒始，故名立春也。

節氣諺語：立春打雷，十處豬欄九處空。

立春這天如果打雷，會六畜不安。相反的，雷不打春，今年一定好年冬。

丙申年每日宜忌

10	9	8	7	6	5	4
五期星	**四期星**	**三期星**	**二期星**	**一期星**	**日期星**	**六期星**
	天德 關聖帝君飛昇日	月德		刀砧日	刀砧日 玉皇大帝聖誕	天德合
十四	**十三**	**十二**	**十一**	**初十**	**初九**	**初八**
戊辰	丁卯	丙寅	乙丑	甲子	癸亥	壬戌
木	火	火	金	金	水	水
滿	除	建	閉	開	收	成
宜	**宜**	**宜**	★	**宜**	**宜**	★
宜 祭祀、祈福 **忌** 納采、問名、嫁娶、開市、立券、交易、納財	**宜** 祭祀、祈福、出行、納采、問名、嫁娶、移徙、解除、修造動土、豎柱上樑、立券、交易、納財、破土、安葬、啟攢	**宜** 納采、問名、解除、豎柱上樑、立券、交易、納財、安葬、啟攢 **忌** 祭祀、出行、嫁娶、移徙、修造動土、破土	**諸事不宜**	**宜** 祭祀 **忌** 納采、問名、破土、安葬、啟攢	**宜** 祭祀 **忌** 嫁娶、破土、安葬、啟攢	**日逢受死日，不宜諸吉事**
房床栖外正南	倉庫門外正南	廚灶爐外正南	碓磨廁外東南	占門碓外東南	占房床外東南	倉庫栖外東南
沖狗36歲煞南	沖雞37歲煞西	沖猴38歲煞北	沖羊39歲煞東	沖馬40歲煞南	沖蛇41歲煞西	沖龍42歲煞北

16	15	14	13	12	11
四期星	三期星	二期星	一期星	日期星	六期星
		天德合	月德合	勿探病	元宵節 天官聖誕
二十	十九	十八	十七	十六	十五
甲戌	癸酉	壬申	辛未	庚午	己巳
火	金	金	土	土	木
成	危	破	執	定	平
★	宜	宜	宜	宜	★
日逢受死日，不宜諸吉事	**宜**祭祀、破土、安葬、入宅 **忌**祈福、出行、納采、問名、嫁娶、移徙、安床、解除、修造動土、豎柱上樑、開市、立券、交易、納財	**宜**祭祀、解除 **忌**祈福、出行、納采、問名、嫁娶、移徙、安床、修造動土、豎柱上樑、開市、立券、交易、納財、破土、安葬、啟攢	**宜**祭祀、祈福、出行、納采、問名、嫁娶、移徙、解除、修造動土、豎柱上樑、安葬、入宅	**宜**祭祀、祈福、出行、納采、問名、嫁娶、移徙、豎柱上樑、開市、立券、交易、納財、安葬、入宅 **忌**解除、修造動土、破土	**忌**祈福、出行、納采、問名、嫁娶、移徙、安床、解除、修、修造動土、豎柱上樑、開市、立券、交易、納財、破土、安葬、啟攢
門碓栖外西南	房床門外西南	倉庫爐外西南	廚灶廁外西南	占碓磨外正南	占門床外正南
沖龍30歲煞北	沖兔31歲煞東	沖虎32歲煞南	沖牛33歲煞西	沖鼠34歲煞北	沖豬35歲煞東

17	18	19	20
星期五	星期六	星期日	星期一
刀砧日	月德 刀砧日	天德	天赦日
廿一	廿二	廿三	廿四
乙亥	丙子	丁丑	戊寅
火	水	水	土
收	開	閉	建
宜	宜	宜	宜
宜 祭祀、祈福、出行、納采、問名、嫁娶、移徙、修造動土、豎柱上樑、開市、立券、交易、納財、入宅 **忌** 嫁娶	**宜** 祭祀、祈福、出行、納采、問名、嫁娶、移徙、解除、修造動土、豎柱上樑、開市、納財	**宜** 祭祀 **忌** 祈福、出行、納采、問名、嫁娶、移徙、安床、解除、修造動土、豎柱上樑、開市、立券、交易、納財、破土、安葬、啟攢	**宜** 納采、問名、解除、豎柱上樑、立券、交易、納財、安葬 **忌** 祭祀、出行、嫁娶、移徙、修造動土、破土
碓磨床外西南	廚灶碓外西南	倉庫廁外正西	房床爐外正西
沖蛇29歲煞西	沖馬28歲煞南	沖羊27歲煞東	沖猴26歲煞北

雨水

戌時 19點31分

斗指壬為雨水，時東風解凍，冰雪皆散而為水，化而為雨，故名雨水。

節氣諺語：雨水，海水卡冷鬼。

雨水時節雖已入春，但溫度仍低，海水摸起來還是非常冷冽。

25	24	23	22	21
六期星	五期星	四期星	三期星	二期星
	天德合	月德合		勿探病
廿九	廿八	廿七	廿六	廿五
癸未	壬午	辛巳	庚辰	己卯
木	木	金	金	土
執	定	平	滿	除
★	宜	宜	宜	宜
忌 開市、立券、交易、納財	宜 祭祀、祈福、出行、納采、問名、嫁娶、移徙、解除、修造動土、豎柱上樑、開市、立券、交易、納財、破土、安葬、入宅	宜 祭祀 忌 祈福、出行、解除	宜 祭祀、祈福 忌 納采、問名、嫁娶、開市、立券、交易、納財	宜 出行、嫁娶、解除、立券、交易、入宅
房床廁外西北	倉庫碓外西北	廚灶床外正西	碓磨栖外正西	占大門外正西
沖牛21歲煞西	沖鼠22歲煞北	沖豬23歲煞東	沖狗24歲煞南	沖雞25歲煞西

丙申年每日宜忌

26	27	28
星期日	星期一	星期二
		月德
二月初一	初二	初三
甲申	乙酉	丙戌
水	水	土
破	危	成
宜	宜	★
宜 祭祀、解除 **忌** 祈福、出行、納采、問名、嫁娶、移徙、安床、修造動土、豎柱上樑、開市、立券、交易、納財、破土、安葬、啟攢	**宜** 祭祀、破土、安葬 **忌** 祈福、出行、納采、問名、嫁娶、移徙、安床、解除、修造動土、豎柱上樑、開市、立券、交易、納財	**日逢受死日，不宜諸吉事**
占門爐外西北	碓磨門外西北	廚灶棲外西北
沖虎20歲煞南	沖兔19歲煞東	沖龍18歲煞北

六 擇日與擇時

如何擇日與擇時

目前農民曆比較常被使用的功能就是「擇日」。雖然家家戶戶都有農民曆，上面「宜」、「忌」也標明得很清楚，不過大部分的人面對重要的事項，例如：結婚、安葬、安床等，仍都會慎重的請懂得命理的老師來選擇。

原因就在於除了少數的幾個「諸事皆宜」的日子之外，大部分的好日子，也不是每一件事情都可以做，甚至是在「諸事皆宜」的日子當中，也不是每個時辰都是好時辰，因此如何趨吉避凶，就著實令人煞費苦心。

不過除了牽涉廣泛的人生大事，像是嫁娶、安葬、生產等需要專業老師來擇日，其他像是日常的搬家、入宅、安床等，只要掌握一些訣竅，就能透過農民曆自己挑選好日子與好時辰。

◆擇日

首先要看「每日沖煞」的**生肖**與**年齡**，有沖犯到相關人員的日子都不能選擇。再來看的是每日的**宜忌**與**用事批註**。有一些日子是「凡事不取」、「諸吉事不宜」，這在**用事批註**的欄位上面，都會清楚標示，在擇日的時候先避開。

接下來針對要進行的事項來挑選，在用事批註這一欄裡頭，會標註每天可以進行的事項，這個部分可以參照前面的名詞解釋，找到自己要做的事項，再回來挑選適合從事這些事項的日子。

有時在擇日的時候也會參照「十二植位」。十二植位代表十二個**吉凶神**，每日的**植神**不同，宜忌也不同，十二植位中，最常用到的像是取下

制煞物品時，就會挑選「除日」，此外如果是「破日」、「危日」，通常代表**諸事不宜**。

◆擇時

選好適合的**日子**之後，接下來要挑選適合的**時間**。民間認為每一個**時辰**都有**吉凶神**在輪值，因此就算是好日子，也不一定每個時辰都適合，最好能選擇**吉神**輪值的時間來進行。

每個時辰的吉凶神，主要是根據不同的干支來循環。讀者可以先找出這一天的**干支**為何，再來對照每日時局表，就可以看到該日的每個時辰**吉凶神**輪值的情形，再挑選吉神輪值的時辰即可。

❖時辰吉凶神列表

吉神	金匱、大進、羅紋、交貴、六合、喜神、日祿、天赦、玉堂、少微、三合、進貴、貴人、右弼、天官、明堂、國印、長生、福星、天德、青龍、功曹、寶光、生旺、武曲、唐符、進祿、太陽、帝旺、福德、祿貴、交馳、貪狼、左輔、傳送、合格、鳳輦、太陰、金星、紫微、黃道、明輔、水星、司命、天地、會合、天賦、合局、逢印、臨官、財局、六甲、趨乾、合貴、同類、相資、六壬、趨艮、六申、元祿、馬元、地福、扶元、幹合、右彈、六進、進馬
凶神	日建、天兵、天牢、六戊、元武、大退、日沖、大凶、不遇、勾陳、天賊、路空、天刑、旬空、朱雀、白虎、地兵、日破、比肩、狗食、玄武、日刑、日馬、勿用、雷兵、建刑、日煞、五鬼、天武、天退、日武、日害、進虛、胞胎

巳	辰	卯	寅	丑	子	時／日
進貴 元武 大退	三合 天牢 六戊	天赦 玉堂 少微	喜神 日祿 天兵	羅紋 交貴 六合	金匱 大進 日建	甲子
三合 玉堂 不遇	進貴 白虎 地兵	大進 天德 日祿	進貴 金匱 六戊	福星 天赦 朱雀	六合 貴人 天兵	乙丑
日祿 寶光 路空	金匱 不遇 路空	進貴 功曹 朱雀	長生 天刑 地兵	明堂 右弼 狗食	天官 青龍 六戊	丙寅
進祿 朱雀 日馬	不遇 天刑 武曲	明堂 進貴 路空	青龍 大退 路空	唐符 武曲 勾陳	司命 日刑 地兵	丁卯
明堂 天赦 日祿	喜神 青龍 天兵	天官 太陽 勾陳	長生 司命 不遇	貴人 元武 路空	三合 大進 路空	戊辰
帝旺 勾陳 大退	司命 雷兵 六戊	天赦 天兵 元武	喜神 天官 天兵	三合 玉堂 不遇	大進 貴人 白虎	己巳
長生 進貴 元武	武曲 天牢 地兵	玉堂 大進 天賊	三合 生旺 六戊	祿貴 交馳 天德	日沖 大凶 不遇	庚午
福星 玉堂 路空	唐符 白虎 路空	三合 寶光 天德	羅紋 交貴 地兵	日破 大凶 朱雀	長生 進貴 六戊	辛未
羅紋 交貴 天德	三合 金匱 福星	貴人 朱雀 路空	日沖 大凶 路空	天官 明堂 左輔	三合 青龍 地兵	壬申
三合 羅紋 交貴	六合 喜神 天兵	日沖 大凶 勿用	青龍 功曹 天賊	三合 勾陳 路空	日祿 大進 路空	癸酉
明堂 傳送 大退	日破 大凶 六戊	六合 天赦 帝旺	喜神 日祿 天兵	貴人 日刑 元武	大進 福德 天牢	甲戌
日沖 大凶 勾陳	司命 功曹 地兵	三合 大進 日祿	六合 天牢 六戊	玉堂 福星 天赦	喜神 貴人 天兵	乙亥
日祿 進祿 路空	三合 不遇 路空	玉堂 少微 日刑	長生 日馬 地兵	六合 寶光 進貴	福星 金匱 六戊	丙子
三合 玉堂 帝旺	進貴 日煞 白虎	天德 寶光 路空	金匱 大退 路空	唐符 朱雀 日建	六合 進貴 地兵	丁丑
日祿 天赦 寶光	喜神 金匱 天兵	天官 貪狼 朱雀	長生 進祿 天刑	明堂 貴人 路空	大進 青龍 路空	戊寅

丙申年每日時局表

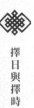

亥	戌	酉	申	未	午	時／日
長生 進貴 朱雀	國印 天刑 旬空	天官 明堂 路空	三合 天賊 路空	貴人 右弼 勾陳	日沖 大凶 不遇	甲子
福星 明堂 天赦	喜神 青龍 天兵	三合 比肩 勾陳	羅紋 交貴 大退	日破 大凶 路空	長生 天牢 路空	乙丑
六合 貴人 勾陳	三合 司命 六戊	天赦 貴人 玄武	日沖 大凶 天牢	玉堂 少微 武曲	三合 生旺 大進	丙寅
三合 貴人 元武	六合 天牢 地兵	日沖 大凶 勿用	功曹 白虎 六戊	三合 寶光 天赦	喜神 日祿 天兵	丁卯
玉堂 路空 旬空	日破 大凶 路空	六合 寶光 天德	三合 金匱 地兵	右弼 貴人 朱雀	雷兵 天刑 六戊	戊辰
日沖 大凶 不遇	金匱 福德 旬空	三合 長生 路空	羅紋 交貴 路空	明堂 福星 武曲	青龍 日祿 地兵	己巳
天赦 進祿 朱雀	三合 天兵 喜神	明堂 帝旺 貪狼	青龍 日祿 日馬	六合 貴人 路空	司命 福星 路空	庚午
三合 明堂 旬空	青龍 六戊 雷兵	天赦 日祿 不遇	喜神 司命 天兵	右弼 日建 元武	六合 大進 貴人	辛未
日祿 少微 勾陳	司命 進祿 地兵	大進 進貴 元武	長生 雷兵 六戊	玉堂 天赦 少微	喜神 白虎 天兵	壬申
帝旺 元武 路空	天官 天牢 路空	玉堂 進祿 建刑	狗食 白虎 地兵	天德 寶光 不遇	金匱 雷兵 六戊	癸酉
長生 玉堂 功曹	武曲 白虎 日建	天官 寶光 路空	金匱 天賊 路空	貴人 日刑 朱雀	三合 不遇 地兵	甲戌
福星 天赦 寶光	喜神 金匱 天兵	太陽 朱雀 比肩	貴人 大退 天賊	三合 明堂 路空	長生 青龍 路空	乙亥
羅紋 交貴 朱雀	福星 天刑 六戊	明堂 貴人 天赦	三合 青龍 喜神	進貴 勾陳 日煞	日沖 大凶 勿用	丙子
明堂 天官 貴人	青龍 進貴 地兵	三合 大進 福星	司命 進貴 六戊	日破 大凶 元武	喜神 日祿 天兵	丁丑
天地 會合 路空	三合 司命 路空	進虛 天賊 元武	日沖 貴人 天牢	玉堂 貴人 少微	三合 帝旺 六戊	戊寅

巳	辰	卯	寅	丑	子	時／日
日馬 朱雀 大退	雷兵 天刑 六戊	天赦 明堂 日建	喜神 青龍 天兵	武曲 勾陳 不遇	大進 貴人 司命	己卯
長生 明堂 功曹	青龍 日建 地兵	大進 胞胎 逢印	司命 日馬 六戊	天赦 貴人 元武	三合 喜神 天兵	庚辰
進貴 福星 路空	司命 進貴 路空	貪狼 天賊 元武	貴人 天牢 地兵	三合 玉堂 少微	長生 白虎 六戊	辛巳
貴人 長生 元武	福星 武曲 天牢	玉堂 貴人 路空	三合 臨官 路空	進貴 寶光 日煞	日沖 大凶 地兵	壬午
玉堂 貴人 大退	天官 喜神 天兵	三合 寶光 貴人	金匱 福星 進貴	日破 大凶 路空	大進 日祿 路空	癸未
天地 合格 寶光	三合 財局 六戊	天赦 帝旺 傳送	日沖 大凶 朱雀	羅紋 交貴 明堂	大進 青龍 路空	甲申
三合 朱雀 不遇	天地 會合 地兵	日沖 大凶 五鬼	青龍 雷兵 六戊	三合 進貴 福星	羅紋 交貴 天兵	乙酉
明堂 日祿 路空	日破 大凶 路空	天地 合局 勾陳	三合 司命 地兵	太陰 元武 日刑	天官 福星 六戊	丙戌
日沖 大凶 勾陳	司命 功曹 右弼	三合 元武 路空	天地 會合 路空	玉堂 唐符 少微	貪狼 白虎 地兵	丁亥
天赦 日祿 元武	三合 喜神 天兵	玉堂 天官 進貴	長生 日馬 六戊	六合 貴人 路空	大進 金匱 路空	戊子
三合 玉堂 帝旺	進貴 白虎 六戊	天赦 寶光 天德	喜神 金匱 天兵	唐符 不遇 朱雀	大進 羅紋 合貴	己丑
長生 寶光 進貴	金匱 福德 地兵	大進 胞胎 逢印	長生 雷兵 六戊	天赦 貴人 明堂	喜神 青龍 天兵	庚寅
福星 朱雀 路空	進貴 天刑 路空	明堂 同類 相資	青龍 貴人 地兵	武曲 勾陳 太陰	司命 雷兵 六戊	辛卯
明堂 貴人 天賊	福星 青龍 建刑	福星 貴人 路空	司命 臨官 路空	天官 水星 元武	三合 天牢 地兵	壬辰
天赦 貴人 大退	司命 喜神 天兵	長生 福星 貴人	天賊 天牢 日刑	三合 玉堂 路空	大進 日祿 路空	癸巳

丙申年每日時局表

時／日	午	未	申	酉	戌	亥
己卯	金匱 日祿 地兵	三合 寶光 福星	羅紋 交貴 路空	日沖 大凶 路空	天地 合局 天牢	三合 進祿 不遇
庚辰	福星 天官 路空	貴人 朱雀 路空	三合 日祿 金匱	天地 會合 寶光	日破 大凶 白虎	天赦 玉堂 傳送
辛巳	大進 貴人 青龍	明堂 武曲 明輔	六合 喜神 天兵	三合 日祿 天赦	金匱 雷兵 六戊	日沖 大凶 勿用
壬午	喜神 司命 天兵	天地 會合 天赦	青龍 日馬 六戊	大進 明堂 進祿	三合 天刑 地兵	祿貴 交馳 朱雀
癸未	六合 進貴 六戊	唐符 不遇 元武	司命 進貴 地兵	五鬼 勾陳 旬空	天官 青龍 路空	三合 明堂 路空
甲申	進祿 不遇 地兵	玉堂 貴人 狗食	長生 天賊 路空	天官 元武 路空	司命 鳳輦 國印	六甲 趨乾 進貴
乙酉	金匱 長生 路空	天德 寶光 路空	天官 貴人 白虎	玉堂 少微 建刑	喜神 進貴 天兵	福星 天赦 元武
丙戌	三合 大進 帝旺	少微 朱雀 日刑	喜神 金匱 天兵	寶光 貴人 天赦	福星 武曲 六戊	玉堂 貴人 大退
丁亥	祿貴 交馳 天兵	三合 天赦 明堂	雷兵 天刑 六戊	大進 貴人 福星	金匱 福德 地兵	天官 寶光 貴人
戊子	日沖 大凶 六戊	羅紋 交貴 勾陳	三合 青龍 地兵	明堂 貪狼 天賊	右弼 天刑 路空	少微 朱雀 路空
己丑	祿貴 交馳 地兵	日破 大凶 旬空	司命 貴人 路空	三合 長生 路空	青龍 進貴 日刑	明堂 日馬 不遇
庚寅	三合 福星 路空	玉堂 貴人 路空	日沖 大凶 天牢	金星 帝旺 天武	喜神 司命 天兵	六合 天赦 勾陳
辛卯	大進 貴人 金匱	三合 財局 寶光	喜神 白虎 天兵	日沖 大凶 不遇	六合 天牢 六戊	三合 元武 大退
壬辰	唐符 喜神 天兵	天官 天赦 朱雀	三合 長生 六戊	六合 大進 寶光	日破 大凶 白虎	玉堂 日祿 少微
癸巳	青龍 進祿 六戊	明堂 唐符 不遇	六合 長生 地兵	三合 朱雀 五鬼	天官 金匱 路空	日沖 大凶 路空

丙申年每日時局表

巳	辰	卯	寅	丑	子	時／日
進祿 大退 狗食	雷兵 天牢 六戊	玉堂 天赦 帝旺	喜神 司命 天兵	天德 寶光 貴人	日沖 大凶 勿用	甲午
日馬 玉堂 不遇	進貴 白虎 地兵	三合 大進 日祿	金匱 進貴 六戊	日破 大凶 朱雀	喜神 貴人 天兵	乙未
寶光 日祿 路空	三合 金匱 路空	紫微 貪狼 朱雀	日沖 大凶 天刑	明堂 進貴 右弼	福星 青龍 六戊	丙申
三合 生旺 朱雀	六合 武曲 天刑	日沖 大凶 路空	青龍 大退 路空	三合 進祿 勾陳	司命 鳳輦 地兵	丁酉
明堂 日祿 天赦	日破 大凶 旬空	天官 六合 勾陳	三合 司命 不遇	貴人 元武 路空	大進 天牢 路空	戊戌
日沖 大凶 旬空	司命 雷兵 六戊	三合 進貴 天赦	喜神 進貴 天兵	玉堂 少微 不遇	大進 貴人 白虎	己亥
長生 太陰 元武	三合 天牢 地兵	大進 玉堂 進貴	日馬 白虎 六戊	天赦 貴人 寶光	金匱 天兵 喜神	庚子
三合 福星 路空	唐符 路空 白虎	天德 寶光 比肩	羅紋 交貴 地兵	太陰 日建 朱雀	長生 進貴 六戊	辛丑
天德 寶光 貴人	金匱 福星 進祿	貴人 朱雀 路空	六壬 趨艮 路空	明堂 天官 進貴	青龍 貪狼 地兵	壬寅
天赦 貴人 大退	喜神 武曲 天兵	祿貴 交馳 明堂	青龍 左輔 狗食	進貴 勾陳 路空	大進 進祿 路空	癸卯
明堂 五鬼 大退	青龍 雷兵 六戊	天赦 帝旺 勾陳	福星 日祿 天兵	貴人 太陰 元武	三合 大進 天牢	甲辰
少微 左輔 勾陳	司命 狗食 地兵	元祿 大進 日武	進祿 雷兵 六戊	三合 天赦 玉堂	祿貴 交馳 天兵	乙巳
日祿 金星 路空	武曲 不遇 路空	玉堂 進貴 少微	三合 長生 地兵	寶光 天德 進祿	日沖 大凶 六戊	丙午
日馬 帝旺 玉堂	進貴 不遇 白虎	三合 寶光 路空	金匱 臨官 路空	日破 大凶 朱雀	進貴 天刑 地兵	丁未
六合 日祿 寶光	喜神 金匱 天兵	天官 進貴 朱雀	日沖 大凶 天刑	明堂 貴人 路空	大進 青龍 路空	戊申

丙申年每日時局表

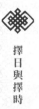

亥	戌	酉	申	未	午	時／日
長生 左輔 朱雀	三合 右弼 天刑	天官 明堂 路空	青龍 日馬 路空	羅紋 交貴 勾陳	司命 不遇 地兵	甲午
三合 明堂 福星	喜神 青龍 天兵	太陽 比肩 勾陳	羅紋 交貴 司命	右弼 元武 路空	六合 長生 路空	乙未
羅紋 交貴 天退	司命 福星 六戊	天赦 貴人 元武	喜神 天兵 天牢	玉堂 進貴 狗食	大進 武曲 白虎	丙申
天官 貴人 元武	右弼 天牢 地兵	大進 玉堂 福星	雷兵 白虎 六戊	天赦 進貴 寶光	喜神 祿貴 天兵	丁酉
玉堂 少微 路空	武曲 白虎 路空	天德 寶光 天賊	金匱 福星 地兵	貴人 右弼 朱雀	三合 帝旺 六戊	戊戌
天德 寶光 建刑	金匱 福德 狗食	長生 朱雀 路空	祿貴 交馳 路空	三合 明堂 福星	青龍 日祿 地兵	己亥
天赦 左輔 朱雀	喜神 不遇 天兵	明堂 帝旺 進貴	三合 日祿 青龍	貴人 進祿 路空	日沖 大凶 路空	庚子
明堂 日馬 大退	青龍 六戊 雷兵	三合 天赦 日祿	喜神 司命 天兵	日破 大凶 玄武	羅紋 交貴 大進	辛丑
祿貴 交馳 六合	三合 司命 地兵	大進 傳送 天武	日沖 大凶 勿用	玉堂 天官 天赦	喜神 三合 天兵	壬寅
三合 生旺 路空	六合 進貴 路空	日沖 大凶 五鬼	國印 白虎 地兵	三合 寶光 天德	金匱 雷兵 六戊	癸卯
六申 趨乾 玉堂	日破 大凶 白虎	六合 寶光 路空	三合 金匱 路空	天官 貴人 朱雀	貪狼 天刑 地兵	甲辰
日沖 大凶 勿用	喜神 金匱 天兵	三合 太陽 朱雀	六合 貴人 天賊	明堂 進貴 路空	青龍 長生 路空	乙巳
祿貴 交馳 朱雀	三合 福星 六戊	明堂 貴人 天赦	喜神 青龍 天兵	六合 長生 勾陳	大進 司命 帝旺	丙午
三合 明堂 貴人	青龍 進貴 地兵	大進 貴人 福星	司命 進貴 六戊	同類 相資 元武	喜神 日祿 天兵	丁未
少微 勾陳 路空	司命 鳳輦 路空	功曹 元武 五鬼	福星 進祿 地兵	羅紋 交貴 玉堂	帝旺 白虎 六戊	戊申

丙申年每日時局表

巳	辰	卯	寅	丑	子	時／日
三合 生旺 朱雀	六合 雷兵 六戊	日破 大凶 旬空	喜神 青龍 天兵	三合 唐符 不遇	大進 貴人 司命	己酉
長生 明堂 傳送	日破 大凶 地兵	六合 大進 勾陳	三合 司命 六戊	天赦 貴人 元武	喜神 天牢 天兵	庚戌
日破 大凶 路空	司命 進祿 路空	三合 元武 天賊	六合 貴人 天兵	玉堂 少微 五鬼	長生 白虎 六戊	辛亥
羅紋 交貴 天賊	三合 福星 武曲	祿貴 交馳 路空	趨艮 白虎 路空	六合 天德 寶光	金匱 福德 地福	壬子
三合 貴人 玉堂	喜神 白虎 天兵	福星 貴人 寶光	金匱 進貴 天賊	同類 相資 路空	大進 日祿 路空	癸丑
寶光 大退 日刑	金匱 雷兵 六戊	天赦 帝旺 朱雀	喜神 日祿 天兵	明堂 貴人 右弼	大進 青龍 進祿	甲寅
日馬 少微 朱雀	武曲 天刑 地兵	大進 日祿 明堂	青龍 雷兵 六戊	天赦 福星 勾陳	司命 貴人 天兵	乙卯
明堂 日祿 路空	青龍 建刑 路空	幹合 勾陳 日害	長生 司命 地兵	國印 元武 旬空	三合 福星 六戊	丙辰
帝旺 左輔 勾陳	司命 傳送 右弼	進貴 元武 路空	進貴 大退 路空	三合 玉堂 少微	貪狼 白虎 地兵	丁巳
日祿 天赦 元武	喜神 武曲 天兵	玉堂 天官 少微	三合 生旺 白虎	寶光 貴人 路空	日破 大凶 路空	戊午
帝旺 玉堂 大退	進貴 白虎 六戊	三合 寶光 天赦	喜神 金匱 天兵	日破 大凶 朱雀	大進 羅紋 交貴	己未
六合 長生 寶光	三合 金匱 地兵	大進 進貴 天賊	日破 大凶 六戊	明堂 貴人 天赦	三合 青龍 天兵	庚申
三合 福星 路空	六合 天刑 路空	日沖 大凶 勿用	青龍 貴人 地兵	三合 武曲 勾陳	司命 長生 六戊	辛酉
明堂 貴人 天賊	日破 大凶 勿用	六合 貴人 路空	三合 司命 路空	天官 水星 元武	帝旺 天牢 地兵	壬戌
日破 大凶 勾陳	喜神 司命 天兵	三合 長生 貴人	六合 臨官 天牢	玉堂 少微 路空	大進 日祿 路空	癸亥

丙申年每日時局表

亥	戌	酉	申	未	午	時／日
馬元 不遇 元武	右弼 太陰 天牢	長生 玉堂 路空	貴人 路空 白虎	福星 寶光 進祿	金匱 日祿 地兵	己酉
玉堂 天赦 少微	喜神 白虎 天兵	天德 寶光 帝旺	金匱 日祿 馬元	貴人 朱雀 路空	福星 天官 路空	庚戌
天德 寶光 大退	金匱 雷兵 六戊	天赦 日祿 進貴	喜神 明堂 天兵	三合 明堂 武曲	大進 貴人 青龍	辛亥
日祿 少微 朱雀	右弼 天刑 地兵	大進 進貴 明堂	三合 青龍 六戊	天赦 天官 勾陳	日破 大凶 天兵	壬子
明堂 日馬 路空	青龍 日刑 路空	三合 扶元 勾陳	司命 進貴 天兵	日破 大凶 玄武	進貴 天牢 六戊	癸丑
六合 長生 勾陳	三合 司命 進祿	天官 唐符 路空	日破 大凶 路空	羅紋 交貴 玉堂	三合 白虎 地兵	甲寅
天赦 三合 福星	喜神 六合 天兵	日沖 大凶 勿用	貴人 白虎 大退	三合 寶光 路空	長生 金匱 路空	乙卯
玉堂 貴人 大退	日破 大凶 六戊	天赦 貴人 寶光	喜神 金匱 天兵	少微 右彈 朱雀	大進 帝旺 天刑	丙辰
日破 大凶 五鬼	金匱 福德 地兵	三合 大進 貴人	六合 進祿 六戊	天赦 明堂 武曲	喜神 日祿 天兵	丁巳
少微 朱雀 路空	三合 財局 路空	明堂 貪狼 進貴	青龍 福星 地兵	祿貴 交馳 勾陳	司命 帝旺 六戊	戊午
三合 明堂 不遇	青龍 進貴 日刑	長生 勾陳 路空	司命 貴人 路空	福星 右弼 元武	祿貴 交馳 地兵	己未
天赦 水星 勾陳	喜神 司命 天兵	帝旺 進貴 元武	日祿 太陽 天牢	玉堂 貴人 路空	福星 天官 路空	庚申
日馬 元武 大退	雷兵 天牢 六戊	祿貴 交馳 天赦	喜神 進貴 天兵	天德 寶光 黃道	大進 貴人 金匱	辛酉
玉堂 日祿 少微	武曲 白虎 地兵	六進 天德 寶光	金匱 日馬 六戊	天官 天赦 朱雀	喜神 三合 天兵	壬戌
寶光 帝旺 路空	金匱 進祿 路空	進馬 朱雀 五鬼	國印 天刑 地兵	三合 明堂 不遇	青龍 雷兵 六戊	癸亥

七 財喜貴方

如何運用財喜貴方

吉祥方位與煞方，也就是一般說的財喜貴方與煞方。傳統上認為，每個方位每天都有不同的吉凶神輪值。一般來說吉神方位有**財神**、**喜門**、**貴門**、**文昌**、**正財**與**偏財**，而凶神則有**煞方**。

以二〇一六年國曆一月一日這天來說，這天的**財神**在**正南**，**正財**在**西北**。這兩個方位關係到正財的部分，也就是平常正規收入的部分。所以如果今天正好是關係到加薪，或是談生意的日子，那出門後就可選擇往正南或西北的方位走路或開車三到五分鐘，就可以承接到財神的財氣。

偏財方關係的是**偏財**的進帳，像是賺外快或者是買彩券的人，出門時可以先往今天的**偏財方**走，便大大的增加中獎的機率。

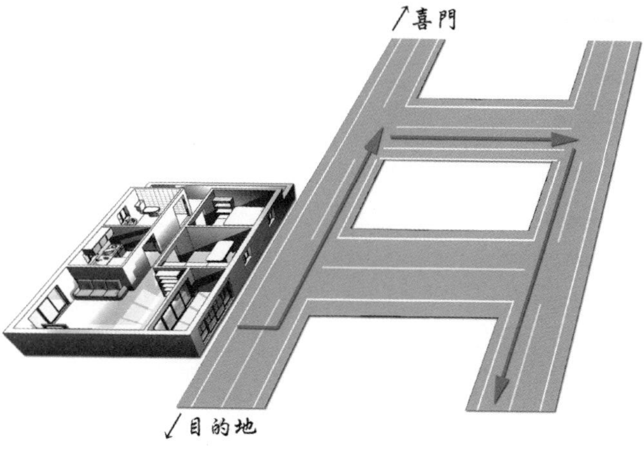

有特定目的時，先往有利之方位移動三到五分鐘，再前往目的地。例如想要告白者，出門後可以先往喜門方向移動，再前往約會場所。

喜門是**喜事**的方位，想要**求婚**、**提親**或者是告白甚至是第一次約會的人，出門前可以先往**喜門**的方位走，可以增加成功的機率。

貴門是**貴人**的方位，希望**貴人運**強一點的，則可以往貴門的方向走，就可以招來更強的**貴人運**，避開小人，讓你工作更順利。

文昌關係到**考試**、**讀書**等事情，有考試的考生或是工作上要參加升等考試，出門前可以先往今天的**文昌**方位走，除了能為自己增加一些分數外，也具有穩定自己軍心的作用。

煞方則是當日**凶神**所在的地方，要盡量避免往該方面活動，以免好事多磨，壞事折磨，如果無可避免的要往那個方位走，那麼出門前不妨多繞一點路，先往其他的好方位走，再轉往目的地，以避免沾染不好的氣場。

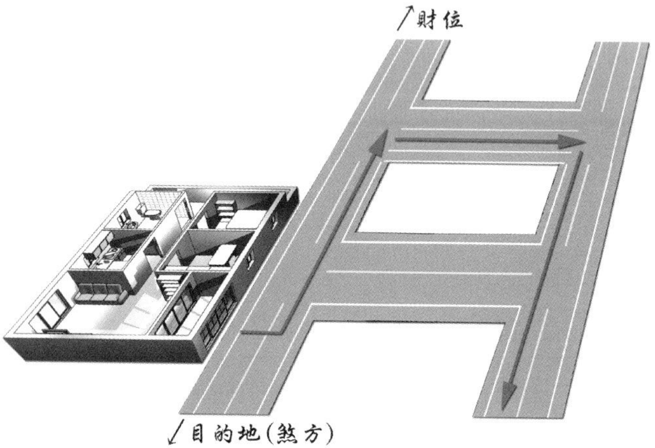

目的地為煞方時，先往有利之方位移動三到五分鐘，再前往目的地。例如目的地為煞方，出門後可先往財位方向移動，再前往原目的地。

丙申年財喜貴煞方位表

煞方	偏財	正財	文昌	貴門	喜門	財神	支干	十一月	二〇一六國曆一月
正北	正南	西北	東北	正東	正南	正南	壬午	廿二	1
正西	正南	正北	正東	正東	東南	正南	癸未	廿三	2
正南	中央	東北	東南	西南	東北	東南	甲申	廿四	3
正東	中央	正東	正南	西南	西北	東南	乙酉	廿五	4
正北	正西	東南	西南	正西	西南	正西	丙戌	廿六	5
正西	正西	正南	正西	正西	正南	正西	丁亥	廿七	6
正南	正東	西南	西北	東北	東南	正北	戊子	廿八	7
正東	正東	正西	正北	正北	東北	正北	己丑	廿九	8
正北	正南	西北	東北	東北	西北	正東	庚寅	三十	9
正西	正南	正北	正東	東北	西南	正東	辛卯	十二月	10
正南	中央	東北	東南	正東	正南	正南	壬辰	初二	11
正東	中央	正東	正南	東南	東南	正南	癸巳	初三	12
正北	正西	東南	西南	西南	東北	東南	甲午	初四	13
正西	中央	正東	正南	西南	西北	東南	乙未	初五	14
正南	正西	東南	西南	正西	西南	正西	丙申	初六	15

丙申年財喜貴煞方位表

煞方	偏財	正財	文昌	貴門	喜門	財神	干支	十二月	二〇一六國曆一月
正東	正西	正南	正西	西北	正南	正西	丁酉	初七	16
正北	正北	東南	西南	東北	東南	正北	戊戌	初八	17
正西	正北	正南	正西	西南	東北	正北	己亥	初九	18
正南	正東	西南	西北	東北	西北	正東	庚子	初十	19
正東	正東	正西	正北	東北	西南	正東	辛丑	十一	20
正北	正南	西北	東北	正東	正南	正南	壬寅	十二	21
正西	正南	正北	正東	正東	東南	正南	癸卯	十三	22
正南	中央	東北	東南	西南	東北	東南	甲辰	十四	23
正東	中央	正東	正南	正北	西北	東南	乙巳	十五	24
正北	正西	東南	西南	西北	西南	正西	丙午	十六	25
正西	正西	正南	正西	西北	正南	正西	丁未	十七	26
正南	正南	東南	西南	西南	東南	正北	戊申	十八	27
正東	正北	正南	正西	西南	東北	正北	己酉	十九	28
正北	正東	西南	西北	西南	西北	正東	庚戌	二十	29
正西	正東	正西	正北	正南	西南	正東	辛亥	廿一	30
正南	正南	西北	東北	正東	正南	正南	壬子	廿二	31

丙申年財喜貴煞方位表

二〇一六 國曆二月	十二月	支干	財神	喜門	貴門	文昌	正財	偏財	煞方
1	廿三	癸丑	正南	東南	正東	正東	正北	正南	正東
2	廿四	甲寅	東南	東北	東北	東南	東北	中央	正北
3	廿五	乙卯	東南	西北	西南	正南	正東	中央	正西
4	廿六	丙辰	正西	西南	正西	西南	東南	正西	正南
5	廿七	丁巳	正西	正南	正西	正西	正南	正西	正東
6	廿八	戊午	正北	東南	西南	西南	東南	正北	正北
7	廿九	己未	正北	東北	西南	正西	正南	正北	正西
8	正月	庚申	正東	西北	西南	西北	西南	正東	正南
9	初二	辛酉	正東	西南	東北	正北	正西	正東	正東
10	初三	壬戌	正南	正南	正東	東北	西北	正南	正北
11	初四	癸亥	正南	東南	正東	正東	正北	正南	正西
12	初五	甲子	東南	東北	東北	東南	東北	中央	正南
13	初六	乙丑	東南	西北	正北	正南	正東	中央	正東
14	初七	丙寅	正西	西南	正西	西南	東南	正西	正北
15	初八	丁卯	正西	正南	西北	正西	正南	正西	正西

丙申年財喜貴煞方位表

二〇一六國曆二月	正月	干支	財神	喜門	貴門	文昌	正財	偏財	煞方
16	初九	戊辰	正北	東南	東北	正北	東南	正北	正南
17	初十	己巳	正北	東北	西南	正西	正南	正北	正東
18	十一	庚午	正東	西北	西南	西北	西南	正東	正北
19	十二	辛未	正東	西南	正南	正北	正西	正東	正西
20	十三	壬申	正南	正南	正東	東北	西北	正南	正南
21	十四	癸酉	正南	東南	東南	正東	正北	正南	正東
22	十五	甲戌	東南	東北	東北	東南	東北	中央	正北
23	十六	乙亥	東南	西北	西南	正南	正東	中央	正西
24	十七	丙子	正西	西南	正西	西南	東南	正西	正南
25	十八	丁丑	正西	正南	西北	正西	正南	正西	正東
26	十九	戊寅	正北	東南	東北	西南	東南	正北	正北
27	二十	己卯	正北	東北	西南	正西	正南	正北	正西
28	廿一	庚辰	正東	西北	東北	西北	西南	正東	正南
29	廿二	辛巳	正東	西南	東北	正北	西南	正東	正東

丙申年財喜貴煞方位表

二〇一六國曆三月	正月	支干	財神	喜門	貴門	文昌	正財	偏財	煞方
1	廿三	壬午	正南	正南	正東	東北	西北	正南	正北
2	廿四	癸未	正南	東南	正東	正東	正北	正南	正西
3	廿五	甲申	東南	東北	西南	東南	東北	中央	正南
4	廿六	乙酉	東南	西北	西南	正南	正東	中央	正東
5	廿七	丙戌	正西	西南	正西	西南	東南	正西	正北
6	廿八	丁亥	正西	正南	正西	正西	正南	正西	正西
7	廿九	戊子	正北	東南	東北	西北	西南	正東	正南
8	三十	己丑	正北	東北	正北	正北	正西	正東	正東
9	二月	庚寅	正東	西北	東北	東北	西北	正南	正北
10	初二	辛卯	正東	西南	東北	正東	正北	正南	正西
11	初三	壬辰	正南	正南	正東	東南	東北	中央	正南
12	初四	癸巳	正南	東南	東南	正南	正東	中央	正東
13	初五	甲午	東南	東北	西南	西南	東南	正西	正北
14	初六	乙未	東南	西北	西南	正南	正東	中央	正西
15	初七	丙申	正西	西南	正西	西南	東南	正西	正南

丙申年財喜貴煞方位表

二〇一六國曆三月	二月	支干	財神	喜門	貴門	文昌	正財	偏財	煞方
16	初八	丁酉	正西	正南	西北	正西	正南	正西	正東
17	初九	戊戌	正北	東南	東北	西南	東南	正北	正北
18	初十	己亥	正北	東北	西南	正西	正南	正北	正西
19	十一	庚子	正東	西北	東北	西北	西南	正東	正南
20	十二	辛丑	正東	西南	東北	正北	正西	正東	正東
21	十三	壬寅	正南	正南	正東	東北	西北	正南	正北
22	十四	癸卯	正南	東南	正東	正東	正北	正南	正西
23	十五	甲辰	東南	東北	西南	東南	東北	中央	正南
24	十六	乙巳	東南	西北	正北	正南	正東	中央	正東
25	十七	丙午	正西	西南	西北	西南	東南	正西	正北
26	十八	丁未	正西	正南	西北	正西	正南	正西	正西
27	十九	戊申	正北	東南	西南	西南	東南	正南	正南
28	二十	己酉	正北	東北	西南	正西	正南	正北	正東
29	廿一	庚戌	正東	西北	西南	西北	西南	正東	正北
30	廿二	辛亥	正東	西南	正南	正北	正西	正東	正西
31	廿三	壬子	正南	正南	正東	東北	西北	正南	正南

丙申年財喜貴煞方位表

二〇一六國曆四月	二月	支干	財神	喜門	貴門	文昌	正財	偏財	煞方
1	廿四	癸丑	正南	東南	正東	正東	正北	正南	正東
2	廿五	甲寅	東南	東北	東北	東南	東北	中央	正北
3	廿六	乙卯	東南	西北	西南	正南	正東	中央	正西
4	廿七	丙辰	正西	西南	正西	西南	東南	正西	正南
5	廿八	丁巳	正西	正南	正西	正西	正南	正西	正東
6	廿九	戊午	正北	東南	西南	西南	東南	正北	正北
7	三月	己未	正北	東北	西南	正西	正南	正北	正西
8	初二	庚申	正東	西北	西南	西北	西南	正東	正南
9	初三	辛酉	正東	西南	東北	正北	正西	正東	正東
10	初四	壬戌	正南	正南	正東	東北	西北	正南	正北
11	初五	癸亥	正南	東南	正東	正東	正北	正南	正西
12	初六	甲子	東南	東北	東北	東南	東北	中央	正南
13	初七	乙丑	東南	西北	正北	正南	正東	中央	正東
14	初八	丙寅	正西	西南	正西	西南	東南	正西	正北
15	初九	丁卯	正西	正南	西北	正西	正南	正西	正西

丙申年財喜貴煞方位表

煞方	偏財	正財	文昌	貴門	喜門	財神	支干	三月	二〇一六國曆四月
正南	正北	東南	正北	東北	東南	正北	戊辰	初十	16
正東	正北	正南	正西	西南	東北	正北	己巳	十一	17
正北	正東	西南	西北	西南	西北	正東	庚午	十二	18
正西	正東	正西	正北	正南	西南	正東	辛未	十三	19
正南	正南	西北	東北	正東	正南	正南	壬申	十四	20
正東	正南	正北	正東	東南	東南	正南	癸酉	十五	21
正北	中央	東北	東南	東北	東北	東南	甲戌	十六	22
正西	中央	正東	正南	西南	西北	東南	乙亥	十七	23
正南	正西	東南	西南	正西	西南	正西	丙子	十八	24
正東	正西	正南	正西	西北	正南	正西	丁丑	十九	25
正北	正北	東南	西南	東北	東南	正北	戊寅	二十	26
正西	正北	正南	正西	西南	東北	正北	己卯	廿一	27
正南	正東	西南	西北	東北	西北	正東	庚辰	廿二	28
正東	正東	西南	正北	東北	西南	正東	辛巳	廿三	29
正北	正南	西北	東北	正東	正南	正南	壬午	廿四	30

丙申年財喜貴煞方位表

二〇一六國曆五月	三月	支干	財神	喜門	貴門	文昌	正財	偏財	煞方
1	廿五	癸未	正南	東南	正東	正東	正北	正南	正西
2	廿六	甲申	東南	東北	西南	東南	東北	中央	正南
3	廿七	乙酉	東南	西北	西南	正南	正東	中央	正東
4	廿八	丙戌	正西	西南	正西	西南	東南	正西	正北
5	廿九	丁亥	正西	正南	正西	正西	正南	正西	正西
6	三十	戊子	正北	東南	東北	西北	西南	正東	正南
7	四月	己丑	正北	東北	正北	正北	正西	正東	正東
8	初二	庚寅	正東	西北	東北	東北	西北	正南	正北
9	初三	辛卯	正東	西南	東北	正東	正北	正南	正西
10	初四	壬辰	正南	正南	正東	東南	東北	中央	正南
11	初五	癸巳	正南	東南	東南	正南	正東	中央	正東
12	初六	甲午	東南	東北	西南	西南	東南	正西	正北
13	初七	乙未	東南	西北	西南	正南	正東	中央	正西
14	初八	丙申	正西	西南	正西	西南	東南	正西	正南
15	初九	丁酉	正西	正南	西北	正西	正南	正西	正東

丙申年財喜貴煞方位表

二〇一六國曆五月	四月	支干	財神	喜門	貴門	文昌	正財	偏財	煞方
16	初十	戊戌	正北	東南	東北	西南	東南	正北	正北
17	十一	己亥	正北	東北	西南	正西	正南	正北	正西
18	十二	庚子	正東	西北	東北	西北	西南	正東	正南
19	十三	辛丑	正東	西南	東北	正北	正西	正東	正東
20	十四	壬寅	正南	正南	正東	東北	西北	正南	正北
21	十五	癸卯	正南	東南	正東	正東	正北	正南	正西
22	十六	甲辰	東南	東北	西南	東南	東北	中央	正南
23	十七	乙巳	東南	西北	正北	正南	正東	中央	正東
24	十八	丙午	正西	西南	西北	西南	東南	正西	正北
25	十九	丁未	正西	正南	西北	正西	正南	正西	正西
26	二十	戊申	正北	東南	西南	西南	東南	正南	正南
27	廿一	己酉	正北	東北	西南	正西	正南	正北	正東
28	廿二	庚戌	正東	西北	西南	西北	西南	正東	正北
29	廿三	辛亥	正東	西南	正南	正北	正西	正東	正西
30	廿四	壬子	正南	正南	正東	東北	西北	正南	正南
31	廿五	癸丑	正南	東南	正東	正東	正北	正南	正東

丙申年財喜貴煞方位表

二〇一六 國曆六月	四月	支干	財神	喜門	貴門	文昌	正財	偏財	煞方
1	廿六	甲寅	東南	東北	東北	東南	東北	中央	正北
2	廿七	乙卯	東南	西北	西南	正南	正東	中央	正西
3	廿八	丙辰	正西	西南	正西	西南	東南	正西	正南
4	廿九	丁巳	正西	正南	正西	正西	正南	正西	正東
5	五月	戊午	正北	東南	西南	西南	東南	正北	正北
6	初二	己未	正北	東北	西南	正西	正南	正北	正西
7	初三	庚申	正東	西北	西南	西北	西南	正東	正南
8	初四	辛酉	正東	西南	東北	正北	正西	正東	正東
9	初五	壬戌	正南	正南	正東	東北	西北	正南	正北
10	初六	癸亥	正南	東南	正東	正東	正北	正南	正西
11	初七	甲子	東南	東北	東北	東南	東北	中央	正南
12	初八	乙丑	東南	西北	正北	正南	正東	中央	正東
13	初九	丙寅	正西	西南	正西	西南	東南	正西	正北
14	初十	丁卯	正西	正南	西北	正西	正南	正西	正西
15	十一	戊辰	正北	東南	東北	正北	東南	正北	正南

丙申年財喜貴煞方位表

煞方	偏財	正財	文昌	貴門	喜門	財神	支干	五月	二〇一六國曆六月
正東	正北	正南	正西	西南	東北	正北	己巳	十二	16
正北	正東	西南	西北	西南	西北	正東	庚午	十三	17
正西	正東	正西	正北	正南	西南	正東	辛未	十四	18
正南	正南	西北	東北	正東	正南	正南	壬申	十五	19
正東	正南	正北	正東	東南	東南	正南	癸酉	十六	20
正北	中央	東北	東南	東北	東北	東南	甲戌	十七	21
正西	中央	正東	正南	西南	西北	東南	乙亥	十八	22
正南	正西	東南	西南	正西	西南	正西	丙子	十九	23
正東	正西	正南	正西	西北	正南	正西	丁丑	二十	24
正北	正北	東南	西南	東北	東南	正北	戊寅	廿一	25
正西	正北	正南	正西	西南	東北	正北	己卯	廿二	26
正南	正東	西南	西北	東北	西北	正東	庚辰	廿三	27
正東	正東	西南	正北	東北	西南	正東	辛巳	廿四	28
正北	正南	西北	東北	正東	正南	正南	壬午	廿五	29
正西	正南	正北	正東	正東	東南	正南	癸未	廿六	30

丙申年財喜貴煞方位表

二〇一六國曆七月	五月	支干	財神	喜門	貴門	文昌	正財	偏財	煞方
1	廿七	甲申	東南	東北	西南	東南	東北	中央	正南
2	廿八	乙酉	東南	西北	西南	正南	正東	中央	正東
3	廿九	丙戌	正西	西南	正西	西南	東南	正西	正北
4	六月	丁亥	正西	正南	正西	正西	正南	正西	正西
5	初二	戊子	正北	東南	東北	西北	西南	正東	正南
6	初三	己丑	正北	東北	正北	正北	正西	正東	正東
7	初四	庚寅	正東	西北	東北	東北	西北	正南	正北
8	初五	辛卯	正東	西南	東北	正東	正北	正南	正西
9	初六	壬辰	正南	正南	正東	東南	東北	中央	正南
10	初七	癸巳	正南	東南	東南	正南	正東	中央	正東
11	初八	甲午	東南	東北	西南	西南	東南	正西	正北
12	初九	乙未	東南	西北	西南	正南	正東	中央	正西
13	初十	丙申	正西	西南	正西	西南	東南	正西	正南
14	十一	丁酉	正西	正南	西北	正西	正南	正西	正東
15	十二	戊戌	正北	東南	東北	西南	東南	正北	正北

丙申年財喜貴煞方位表

二〇一六國曆七月	六月	支干	財神	喜門	貴門	文昌	正財	偏財	煞方
16	十三	己亥	正北	東北	西南	正西	正南	正北	正西
17	十四	庚子	正東	西北	東北	西北	西南	正東	正南
18	十五	辛丑	正東	西南	東北	正北	正西	正東	正東
19	十六	壬寅	正南	正南	正東	東北	西北	正南	正北
20	十七	癸卯	正南	東南	正東	正東	正北	正南	正西
21	十八	甲辰	東南	東北	西南	東南	東北	中央	正南
22	十九	乙巳	東南	西北	正北	正南	正東	中央	正東
23	二十	丙午	正西	西南	西北	西南	東南	正西	正北
24	廿一	丁未	正西	正南	西北	正西	正南	正西	正西
25	廿二	戊申	正北	東南	西南	西南	東南	正南	正南
26	廿三	己酉	正北	東北	西南	正西	正南	正北	正東
27	廿四	庚戌	正東	西北	西南	西北	西南	正東	正北
28	廿五	辛亥	正東	西南	正南	正北	正西	正東	正西
29	廿六	壬子	正南	正南	正東	東北	西北	正南	正南
30	廿七	癸丑	正南	東南	正東	正東	正北	正南	正東
31	廿八	甲寅	東南	東北	東北	東南	東北	中央	正北

丙申年財喜貴煞方位表

二〇一六國曆八月	六月	支干	財神	喜門	貴門	文昌	正財	偏財	煞方
1	廿九	乙卯	東南	西北	西南	正南	正東	中央	正西
2	三十	丙辰	正西	西南	正西	西南	東南	正西	正南
3	七月	丁巳	正西	正南	正西	正西	正南	正西	正東
4	初二	戊午	正北	東南	西南	西南	東南	正北	正北
5	初三	己未	正北	東北	西南	正西	正南	正北	正西
6	初四	庚申	正東	西北	西南	西北	西南	正東	正南
7	初五	辛酉	正東	西南	東北	正北	正西	正東	正東
8	初六	壬戌	正南	正南	正東	東北	西北	正南	正北
9	初七	癸亥	正南	東南	正東	正東	正北	正南	正西
10	初八	甲子	東南	東北	東北	東南	東北	中央	正南
11	初九	乙丑	東南	西北	正北	正南	正東	中央	正東
12	初十	丙寅	正西	西南	正西	西南	東南	正西	正北
13	十一	丁卯	正西	正南	西北	正西	正南	正西	正西
14	十二	戊辰	正北	東南	東北	正北	東南	正北	正南
15	十三	己巳	正北	東北	西南	正西	正南	正北	正東

丙申年財喜貴煞方位表

二〇一六國曆八月	七月	支干	財神	喜門	貴門	文昌	正財	偏財	煞方
16	十四	庚午	正東	西北	西南	西北	西南	正東	正北
17	十五	辛未	正東	西南	正南	正北	正西	正東	正西
18	十六	壬申	正南	正南	正東	東北	西北	正南	正南
19	十七	癸酉	正南	東南	東南	正東	正北	正南	正東
20	十八	甲戌	東南	東北	東北	東南	東北	中央	正北
21	十九	乙亥	東南	西北	西南	正南	正東	中央	正西
22	二十	丙子	正西	西南	正西	西南	東南	正西	正南
23	廿一	丁丑	正西	正南	西北	正西	正南	正西	正東
24	廿二	戊寅	正北	東南	東北	西南	東南	正北	正北
25	廿三	己卯	正北	東北	西南	正西	正南	正北	正西
26	廿四	庚辰	正東	西北	東北	西北	西南	正東	正南
27	廿五	辛巳	正東	西南	東北	正北	西南	正東	正東
28	廿六	壬午	正南	正南	正東	東北	西北	正南	正北
29	廿七	癸未	正南	東南	正東	正東	正北	正南	正西
30	廿八	甲申	東南	東北	西南	東南	東北	中央	正南
31	廿九	乙酉	東南	西北	西南	正南	正東	中央	正東

丙申年財喜貴煞方位表

二〇一六 國曆九月	八月	支干	財神	喜門	貴門	文昌	正財	偏財	煞方
1	八月	丙戌	正西	西南	正西	西南	東南	正西	正北
2	初二	丁亥	正西	正南	正西	正西	正南	正西	正西
3	初三	戊子	正北	東南	東北	西北	西南	正東	正南
4	初四	己丑	正北	東北	正北	正北	正西	正東	正東
5	初五	庚寅	正東	西北	東北	東北	西北	正南	正北
6	初六	辛卯	正東	西南	東北	正東	正北	正南	正西
7	初七	壬辰	正南	正南	正東	東南	東北	中央	正南
8	初八	癸巳	正南	東南	東南	正南	正東	中央	正東
9	初九	甲午	東南	東北	西南	西南	東南	正西	正北
10	初十	乙未	東南	西北	西南	正南	正東	中央	正西
11	十一	丙申	正西	西南	正西	西南	東南	正西	正南
12	十二	丁酉	正西	正南	西北	正西	正南	正西	正東
13	十三	戊戌	正北	東南	東北	西南	東南	正北	正北
14	十四	己亥	正北	東北	西南	正西	正南	正北	正西
15	十五	庚子	正東	西北	東北	西北	西南	正東	正南

丙申年財喜貴煞方位表

煞方	偏財	正財	文昌	貴門	喜門	財神	支干	八月	二〇一六國曆九月
正東	正東	正西	正北	東北	西南	正東	辛丑	十六	16
正北	正南	西北	東北	正東	正南	正南	壬寅	十七	17
正西	正南	正北	正東	正東	東南	正南	癸卯	十八	18
正南	中央	東北	東南	西南	東北	東南	甲辰	十九	19
正東	中央	正東	正南	正北	西北	東南	乙巳	二十	20
正北	正西	東南	西南	西北	西南	正西	丙午	廿一	21
正西	正西	正南	正西	西北	正南	正西	丁未	廿二	22
正南	正南	東南	西南	西南	東南	正北	戊申	廿三	23
正東	正北	正南	正西	西南	東北	正北	己酉	廿四	24
正北	正東	西南	西北	西南	西北	正東	庚戌	廿五	25
正西	正東	正西	正北	正南	西南	正東	辛亥	廿六	26
正南	正南	西北	東北	正東	正南	正南	壬子	廿七	27
正東	正南	正北	正東	正東	東南	正南	癸丑	廿八	28
正北	中央	東北	東南	東北	東北	東南	甲寅	廿九	29
正西	中央	正東	正南	西南	西北	東南	乙卯	三十	30

丙申年財喜貴煞方位表

煞方	偏財	正財	文昌	貴門	喜門	財神	支干	九月	二〇一六國曆十月
正南	正西	東南	西南	正西	西南	正西	丙辰	九月	1
正東	正西	正南	正西	正西	正南	正西	丁巳	初二	2
正北	正北	東南	西南	西南	東南	正北	戊午	初三	3
正西	正北	正南	正西	西南	東北	正北	己未	初四	4
正南	正東	西南	西北	西南	西北	正東	庚申	初五	5
正東	正東	正西	正北	東北	西南	正東	辛酉	初六	6
正北	正南	西北	東北	正東	正南	正南	壬戌	初七	7
正西	正南	正北	正東	正東	東南	正南	癸亥	初八	8
正南	中央	東北	東南	東北	東北	東南	甲子	初九	9
正東	中央	正東	正南	正北	西北	東南	乙丑	初十	10
正北	正西	東南	西南	正西	西南	正西	丙寅	十一	11
正西	正西	正南	正西	西北	正南	正西	丁卯	十二	12
正南	正北	東南	正北	東北	東南	正北	戊辰	十三	13
正東	正北	正南	正西	西南	東北	正北	己巳	十四	14
正北	正東	西南	西北	西南	西北	正東	庚午	十五	15

丙申年財喜貴煞方位表

煞方	偏財	正財	文昌	貴門	喜門	財神	支干	九月	二〇一六國曆十月
正西	正東	正西	正北	正南	西南	正東	辛未	十六	16
正南	正南	西北	東北	正東	正南	正南	壬申	十七	17
正東	正南	正北	正東	東南	東南	正南	癸酉	十八	18
正北	中央	東北	東南	東北	東北	東南	甲戌	十九	19
正西	中央	正東	正南	西南	西北	東南	乙亥	二十	20
正南	正西	東南	西南	正西	西南	正西	丙子	廿一	21
正東	正西	正南	正西	西北	正南	正西	丁丑	廿二	22
正北	正北	東南	西南	東北	東南	正北	戊寅	廿三	23
正西	正北	正南	正西	西南	東北	正北	己卯	廿四	24
正南	正東	西南	西北	東北	西北	正東	庚辰	廿五	25
正東	正東	西南	正北	東北	西南	正東	辛巳	廿六	26
正北	正南	西北	東北	正東	正南	正南	壬午	廿七	27
正西	正南	正北	正東	正東	東南	正南	癸未	廿八	28
正南	中央	東北	東南	西南	東北	東南	甲申	廿九	29
正東	中央	正東	正南	西南	西北	東南	乙酉	三十	30
正北	正西	東南	西南	正西	西南	正西	丙戌	十月	31

丙申年財喜貴煞方位表

二〇一六國曆十一月	十月	支干	財神	喜門	貴門	文昌	正財	偏財	煞方
1	初二	丁亥	正西	正南	正西	正西	正南	正西	正西
2	初三	戊子	正北	東南	東北	西北	西南	正東	正南
3	初四	己丑	正北	東北	正北	正北	正西	正東	正東
4	初五	庚寅	正東	西北	東北	東北	西北	正南	正北
5	初六	辛卯	正東	西南	東北	正東	正北	正南	正西
6	初七	壬辰	正南	正南	正東	東南	東北	中央	正南
7	初八	癸巳	正南	東南	東南	正南	正東	中央	正東
8	初九	甲午	東南	東北	西南	西南	東南	正西	正北
9	初十	乙未	東南	西北	西南	正南	正東	中央	正西
10	十一	丙申	正西	西南	正西	西南	東南	正西	正南
11	十二	丁酉	正西	正南	西北	正西	正南	正西	正東
12	十三	戊戌	正北	東南	東北	西南	東南	正北	正北
13	十四	己亥	正北	東北	西南	正西	正南	正北	正西
14	十五	庚子	正東	西北	東北	西北	西南	正東	正南
15	十六	辛丑	正東	西南	東北	正北	正西	正東	正東

丙申年財喜貴煞方位表

二〇一六 國曆十一月	十月	支干	財神	喜門	貴門	文昌	正財	偏財	煞方
16	十七	壬寅	正南	正南	正東	東北	西北	正南	正北
17	十八	癸卯	正南	東南	正東	正東	正北	正南	正西
18	十九	甲辰	東南	東北	西南	東南	東北	中央	正南
19	二十	乙巳	東南	西北	正北	正南	正東	中央	正東
20	廿一	丙午	正西	西南	西北	西南	東南	正西	正北
21	廿二	丁未	正西	正南	西北	正西	正南	正西	正西
22	廿三	戊申	正北	東南	西南	西南	東南	正南	正南
23	廿四	己酉	正北	東北	西南	正西	正南	正北	正東
24	廿五	庚戌	正東	西北	西南	西北	西南	正東	正北
25	廿六	辛亥	正東	西南	正南	正北	正西	正東	正西
26	廿七	壬子	正南	正南	正東	東北	西北	正南	正南
27	廿八	癸丑	正南	東南	正東	正東	正北	正南	正東
28	三十	甲寅	東南	東北	東北	東南	東北	中央	正北
29	十一月	乙卯	東南	西北	西南	正南	正東	中央	正西
30	初二	丙辰	正西	西南	正西	西南	東南	正西	正南

丙申年財喜貴煞方位表

煞方	偏財	正財	文昌	貴門	喜門	財神	支干	十一月	二〇一六國曆十二月
正東	正西	正南	正西	正西	正南	正西	丁巳	初三	1
正北	正北	東南	西南	西南	東南	正北	戊午	初四	2
正西	正北	正南	正西	西南	東北	正北	己未	初五	3
正南	正東	西南	西北	西南	西北	正東	庚申	初六	4
正東	正東	正西	正北	東北	西南	正東	辛酉	初七	5
正北	正南	西北	東北	正東	正南	正南	壬戌	初八	6
正西	正南	正北	正東	正東	東南	正南	癸亥	初九	7
正南	中央	東北	東南	東北	東北	東南	甲子	初十	8
正東	中央	正東	正南	正北	西北	東南	乙丑	十一	9
正北	正西	東南	西南	正西	西南	正西	丙寅	十二	10
正西	正西	正南	正西	西北	正南	正西	丁卯	十三	11
正南	正北	東南	正北	東北	東南	正北	戊辰	十四	12
正東	正北	正南	正西	西南	東北	正北	己巳	十五	13
正北	正東	西南	西北	西南	西北	正東	庚午	十六	14
正西	正東	正西	正北	正南	西南	正東	辛未	十七	15

丙申年財喜貴煞方位表

二〇一六 國曆十二月	十一月	支干	財神	喜門	貴門	文昌	正財	偏財	煞方
16	十八	壬申	正南	正南	正東	東北	西北	正南	正南
17	十九	癸酉	正南	東南	東南	正東	正北	正南	正東
18	二十	甲戌	東南	東北	東北	東南	東北	中央	正北
19	廿一	乙亥	東南	西北	西南	正南	正東	中央	正西
20	廿二	丙子	正西	西南	正西	西南	東南	正西	正南
21	廿三	丁丑	正西	正南	西北	正西	正南	正西	正東
22	廿四	戊寅	正北	東南	東北	西南	東南	正北	正北
23	廿五	己卯	正北	東北	西南	正西	正南	正北	正西
24	廿六	庚辰	正東	西北	東北	西北	西南	正東	正南
25	廿七	辛巳	正東	西南	東北	正北	西南	正東	正東
26	廿八	壬午	正南	正南	正東	東北	西北	正南	正北
27	廿九	癸未	正南	東南	正東	正東	正北	正南	正西
28	三十	甲申	東南	東北	西南	東南	東北	中央	正南
29	十二月	乙酉	東南	西北	西南	正南	正東	中央	正東
30	初二	丙戌	正西	西南	正西	西南	東南	正西	正北
31	初三	丁亥	正西	正南	正西	正西	正南	正西	正西

丙申年財喜貴煞方位表

二〇一七 國曆一月	十二月	支干	財神	喜門	貴門	文昌	正財	偏財	煞方
1	初四	戊子	正北	東南	東北	西北	西南	正東	正南
2	初五	己丑	正北	東北	正北	正北	正西	正東	正東
3	初六	庚寅	正東	西北	東北	東北	西北	正南	正北
4	初七	辛卯	正東	西南	東北	正東	正北	正南	正西
5	初八	壬辰	正南	正南	正東	東南	東北	中央	正南
6	初九	癸巳	正南	東南	東南	正南	正東	中央	正東
7	初十	甲午	東南	東北	西南	西南	東南	正西	正北
8	十一	乙未	東南	西北	西南	正南	正東	中央	正西
9	十二	丙申	正西	西南	正西	西南	東南	正西	正南
10	十三	丁酉	正西	正南	西北	正西	正南	正西	正東
11	十四	戊戌	正北	東南	東北	西南	東南	正北	正北
12	十五	己亥	正北	東北	西南	正西	正南	正北	正西
13	十六	庚子	正東	西北	東北	西北	西南	正東	正南
14	十七	辛丑	正東	西南	東北	正北	正西	正東	正東
15	十八	壬寅	正南	正南	正東	東北	西北	正南	正北

丙申年財喜貴煞方位表

二○一七 國曆一月	十二月	支干	財神	喜門	貴門	文昌	正財	偏財	煞方
16	十九	癸卯	正南	東南	正東	正東	正北	正南	正西
17	二十	甲辰	東南	東北	西南	東南	東北	中央	正南
18	廿一	乙巳	東南	西北	正北	正南	正東	中央	正東
19	廿二	丙午	正西	西南	西北	西南	東南	正西	正北
20	廿三	丁未	正西	正南	西北	正西	正南	正西	正西
21	廿四	戊申	正北	東南	西南	西南	東南	正南	正南
22	廿五	己酉	正北	東北	西南	正西	正南	正北	正東
23	廿六	庚戌	正東	西北	西南	西北	西南	正東	正北
24	廿七	辛亥	正東	西南	正南	正北	正西	正東	正西
25	廿八	壬子	正南	正南	正東	東北	西北	正南	正南
26	廿九	癸丑	正南	東南	正東	正東	正北	正南	正東
27	三十	甲寅	東南	東北	東北	東南	東北	中央	正北
28	正月	乙卯	東南	西北	西南	正南	正東	中央	正西
29	初二	丙辰	正西	西南	正西	西南	東南	正西	正南
30	初三	丁巳	正西	正南	正西	正西	正南	正西	正東
31	初四	戊午	正北	東南	西南	西南	東南	正北	正北

丙申年財喜貴煞方位表

二〇一七國曆二月	正月	支干	財神	喜門	貴門	文昌	正財	偏財	煞方
1	初五	己未	正北	東北	西南	正西	正南	正北	正西
2	初六	庚申	正東	西北	西南	西北	西南	正東	正南
3	初七	辛酉	正東	西南	東北	正北	正西	正東	正東
4	初八	壬戌	正南	正南	正東	東北	西北	正南	正北
5	初九	癸亥	正南	東南	正東	正東	正北	正南	正西
6	初十	甲子	東南	東北	東北	東南	東北	中央	正南
7	十一	乙丑	東南	西北	正北	正南	正東	中央	正東
8	十二	丙寅	正西	西南	正西	西南	東南	正西	正北
9	十三	丁卯	正西	正南	西北	正西	正南	正西	正西
10	十四	戊辰	正北	東南	東北	正北	東南	正北	正南
11	十五	己巳	正北	東北	西南	正西	正南	正北	正東
12	十六	庚午	正東	西北	西南	西北	西南	正東	正北
13	十七	辛未	正東	西南	正南	正北	正西	正東	正西
14	十八	壬申	正南	正南	正東	東北	西北	正南	正南
15	十九	癸酉	正南	東南	東南	正東	正北	正南	正東